高校学生

管理模式与实践

温立天　李美玲　蔡忠臣 ◎ 著

辽宁人民出版社

©温立天 李美玲 蔡忠臣 2022

图书在版编目(CIP)数据

高校学生管理模式与实践 / 温立天, 李美玲, 蔡忠臣著. — 沈阳 : 辽宁人民出版社, 2022.12
　　ISBN 978-7-205-10640-9

　　Ⅰ. ①高… Ⅱ. ①温… ②李… ③蔡… Ⅲ. ①高等学校 – 学生 – 学校管理 – 研究 Ⅳ. ①G645.5

中国版本图书馆 CIP 数据核字(2022)第 217950 号

出版发行：辽宁人民出版社
　　　　　地址 : 沈阳市和平区十一纬路 25 号　邮编 : 110003
　　　　　电话 : 024-23284321(邮　购)　024-23284324(发行部)
　　　　　传真 : 024-23284191(发行部)　024-23284304(办公室)
　　　　　http://www.lnpph.com.cn
印　　刷：辽宁新华印务有限公司
幅面尺寸：170mm×240mm
印　　张：13.75
字　　数：220 千字
出版时间：2022 年 12 月第 1 版
印刷时间：2022 年 12 月第 1 次印刷
责任编辑：张天恒　王晓筱
装帧设计：中知图印务
责任校对：刘再升
书　　号：ISBN 978-7-205-10640-9
定　　价：68.00 元

前　言
/ PREFACE /

　　教育在国家发展过程中起着重要的作用,办好人民满意的教育是我党长期坚持的事情。党的十九大报告中强调:"建设教育强国是中华民族伟大复兴的基础工程,要求全面贯彻党的教育方针,落实立德树人根本任务,发展素质教育,推进教育公平,培养德智体美全面发展的社会主义建设者和接班人"。可以看出目前国家对于教育的重视程度,同时也指明了未来社会对人才的需求标准是综合素质高、创新能力强的复合型人才。习近平总书记在全国教育大会上发表重要讲话,针对我国教育现代化的重大问题进行了深刻阐述,强调教育是国之大计、党之大计,指出教育的根本任务是立德树人,工作目标是凝聚人心、完善人格、开发人力、培育人才、造福人民。高等学校是我国高端人才培养的摇篮,是实施高等教育的重要场所。高等教育阶段是实施高素质人才培养的重要环节。培养符合社会主义建设发展需求的高科技人才成为高校的根本职能。

　　高校学生管理是高校教育教学工作的重要组成部分,也是一门应用科学,是一项理论性和实践性很强的科研课题,它涉及政治、经济、文化、教育等诸多方面。现阶段,我国尚未真正形成高校学生管理工作系统性理论和科学模式。改革开放之后,各高校都十分重视学生管理工作,投入了大量的人力、物力和财力,在教育教学实践中认真贯彻党的教育方针,围绕学校培养目标,大胆创新,对高校学生管理工作改革进行了有益的探索,积累了许多经验,但也存在着许多问题。当前,对高校学生管理模式进行探索与实践,是高校实现培养合格人才目标的迫切需要,是高校学生管理工作实现科学化和高效化的迫切需要,也是推进我国高校管理体制机制改革和发展的必然要求。

我国的高等教育正处于变革转型时期,高校学生管理作为高校管理的基础性工作,无论从政策层面还是现实需要的角度出发,学生管理模式必须转型,以应对管理新环境带来的挑战。因而,解读高校学生管理的概念、对象与任务、指导思想与基本原则等,分析高校学生管理工作的基础,探讨高校学生管理的多元化模式,研究当下高校管理模式的创新与实践,对于完善高校学生管理模式,促进高等教育的内涵式发展,实现高校人才教育管理模式的改革和创新,提升学生的综合素质,更好地满足社会对全人教育的发展需要具有重要意义与价值。

2022 年 9 月

目 录
/ CONTENTS /

第一章　绪论

第一节　高校学生管理的概念

一、高校学生管理的内涵

高校学生管理是高等学校领导和管理人员为了实现高等学校学生的培养目标,按照国家的教育方针和各项政策法令,科学地有计划地对学校内部的人、财、物、时间、信息等进行组织、指挥、协调并对其进行预测、计划、实施、反馈、监督等的一门管理科学。

高校学生管理作为学校管理的重要组成部分,具有十分广泛而深刻的内涵。第一,它要研究管理对象(即青年大学生)的生理、心理特征,知识、能力结构,兴趣爱好及社会氛围对他们的影响,掌握他们的思想变化及教育管理的规律。第二,它要研究管理者本身(即学生工作专职人员)必备的思想、文化、理论及业务素质,以及这些素质的培养和管理队伍的建设。第三,它还要研究学生管理的机制和一般管理的原则、方法以及学生在学习、生活、课外活动、思想教育中的具体管理目标、原则、政策、法规等。

高校学生管理是一项教育工作,具有教育科学所包含的规律,也是一项具体的管理工作,具有管理科学所包含的规律。大学生管理是高等教育学和管理学交叉结合产生的一门综合性应用学科,它同所有的管理科学一样,研究的主题是效率,当然具体研究的课题是大学生管理的效率——最有效地达到大学生的培养目标。高校大学生管理,就是要寻求按照党和国家的教育方针,实现培养德、智、体多方面发展的专门人才的最佳方案,最佳计划、决策,最佳管理体制、组织机构,最佳操作程序。它涉及很多学科:马克思主义哲学、高等教育学、社会学、心理学、管理学、行政学、统计学、控制论、信息论、系统论等。因此,研究大学生管理必须广泛运用各种有关的科学理论来分析,这样才能使从事学生管理工作的教职工用科学的管理指导思想和科学的管理手段进行有效的管理。

对大学生进行严格管理的过程中,要正确处理以下两种关系。

第一,学生管理与规章制度的关系。高校学生管理要通过制定并实施必要的规章制度来实现。教育部根据党和政府的教育方针、青年大学生成长的特点以及长期以来的工作经验,于2017年发布施行《普通高等学校学生管理规定》,这是对大学生进行科学管理的一个基本的法规性文件。各高校也结合自己的实际情况,整章建制,制定了一系列的规章制度。学生管理的实践反过来又丰富了规章制度的内容,使之更全面化、科学化。

第二,学生管理与思想政治教育的关系。在强调管理工作重要意义的同时,不可忘记思想政治教育的重要保证作用。任何只强调严格管理而忽视思想政治教育或只强调思想政治教育而置制度管理于不顾的做法,都是片面的,不可取的。因为管理也是教育的一种手段,教育又能保证管理的推行和实施,所以只有把严格管理与思想政治教育有机结合起来,才能使学校工作真正走上井然有序的轨道。

二、高校学生工作管理的内涵

高校学生工作管理是对大学生日常事务的管理,它是指通过对学生的日常行为进行规范、指导和服务,来促进学生的全面发展。学生工作管理有广义和狭义之分,学生工作就是广义的学生工作管理,包括思想政治教育、日常事务管理、学生工作的考核与评估、学生成长发展指导等内容。本书所讲的学生工作管理指的是狭义的学生工作管理,也就是管理学生,它侧重的是日常管理,包括班级建设、学生奖惩、学生资助、安全教育、宿舍管理、生活服务、就业指导等,涉及学生在校生活、学习的方方面面。

(一)理想信念教育和道德品质规范的养成教育

理想信念是一个人前进的航向,而道德品质则是为人做事的准绳。在高校学生工作管理中,管理工作者要重视校园文化建设,为大学生创造高雅的文化氛围。通过校园文化的影响和熏陶帮助大学生营造良好的舆论氛围,通过文化活动的组织和开展提高思想政治教育的效果。

（二）依法治校，维护学生合法权益

实行依法治校，就是在高校的日常管理工作中，要明确学校和学生的权利及义务，要充分保障学生的合法权益。要依靠法律和学校的各种规章制度，对学生进行奖励、资助、处分等。在处理如学生处分等涉及学生权益问题时，要严格按照正当程序，规范处理过程，使学生的合法权益不受侵害。

（三）学籍管理和学习指导

随着高校教学体制改革的深入和弹性学制、学分制的实施，在学生学籍管理中，高校可以实施跨校、跨专业修读，专修和辅修相结合等有利于学生成长的管理模式。学生工作管理者可以通过学风建设，为学生创造积极向上的学习氛围。学生在进行自主学习的同时，管理者要提供全方位、积极主动的辅导，帮助学生养成自主式的学习习惯和终身学习的思想观念。

（四）就业指导和就业服务

就业指导和服务是学生工作管理的一项重要内容。面对日益严峻的就业形势，高校要设立专门的就业指导部门，由学校主要领导直接负责管理。就业指导部门要做好在校生职业生涯规划指导、就业信息搜集、实习基地建设、毕业生就业指导、毕业生职业规划等工作。

（五）勤工俭学和贫困生资助

贫困生资助和勤工俭学也是学生工作管理的一项重要内容。学生工作管理部门要针对学生的实际情况和高校的规章制度，开通助学贷款的"绿色通道"，尽可能多开辟勤工俭学的岗位，认真做好国家奖、助学金和校内贫困生补助的发放工作。同时，针对学生群体中发生的突发事件应建立应急处理机制和临时困难补助制度，对于发生重大家庭变故的学生，要及时给予特殊帮助。

（六）生活服务和心理健康教育

高等教育不仅仅体现在学习方面，还要把服务育人的理念贯彻到日常的学生工作管理中去。学生工作管理部门要和校内其他服务部门互相配合，在为学生提供衣、食、住、行等方面服务的同时，还要重视对学生

进行健康生活方式的引导。高校心理咨询中心要通过各种渠道、运用多种形式在全校范围内对学生开展心理健康教育和心理咨询活动,加强学生的心理疏导。学生工作管理者要建立畅通的信息网络,使思想政治教育和心理健康教育有效结合,进而提高学生工作管理的水平①。

(七)校园秩序与课外活动

学校要为学生提供健康、和谐的学习和生活环境。学生工作管理者要积极引导学生,自觉遵守学校管理制度,提高自身的道德修养,自觉维护校园秩序。同时,学校要积极鼓励学生团体组织开展有益于大学生身心健康的活动,并对活动加以管理和指导,保证学生活动的合法性和科学性。大学生通过参加各种类型的团体活动,可以在人际交往和社会适应能力等方面得到锻炼,这有利于学生的全面发展。

三、高校学生工作管理的特点

大学生是思想最为敏锐的群体,有着自身独特的特点。根据大学生的身心特点有针对性地开展工作,是高校学生工作管理顺利进行的保证。每个学生的成长和教育环境不同,造成他们价值取向的多元化、思想观念的差异化,具体表现有:理想与现实的差距使其虽有理想信念,但难以抉择;虽有明确的是非观,但自控性和自律性较差;实用主义倾向明显,只关注与自身利益相关的事情;个人主义突出,自我意识较强;要求独立,但依赖性强,渴望尽快走向社会,但又无法实现经济独立;适应新事物的能力较强,但心理承受能力较差。学生工作管理要适应学生的特点、满足学生的需要,这是学生工作管理取得成效的关键。针对大学生的特点开展工作,能够使学生工作管理更具专业性和操作性,从而促进高校学生工作管理目标的实现。高校学生工作管理有以下特点。

(一)教育性

培养全面发展的高素质人才为社会主义现代化建设服务是高校学生工作管理的主要目标。学生工作管理者要通过对学生的教育和引导,提高大学生的科学文化素质,培养他们良好的品德和修养,引导他们坚持正确的政治方向,帮助他们树立远大的理想信念。总之,通过学生工作

---

① 莫新均.高校学生管理模式与创新[M].延吉:延边大学出版社,2019:55-59.

管理的教育和引导作用,促进高校管理目标的实现。

(二)开放性

高校的学生工作管理具有开放性,日常管理工作可以通过多种途径和方法开展。既可以通过课堂教学教育,又可以通过组织校园文化活动进行日常管理,还可以通过学校教育、社会教育、家庭教育等多种渠道展开。学生工作管理者要善于利用多方资源,懂得统筹和协调,形成促进学生工作管理的合力。

(三)持续性

高校学生工作管理系统是一项复杂的工程。每一项具体工作的完成都要以学生工作管理的总体目标为方向,都要体现学生工作管理的效果,都要促进大学生的全面发展。高校学生工作管理要建立长效的工作机制,使学校教育、社会教育、家庭教育三者有效结合,通过外在的制度管理和内在的学生自我约束,结合思想政治教育,来提高学生工作管理的效果和系统性。

(四)实践性

高等教育以培养适合社会需要和适应时代发展的高级知识人才为目标,要提高学生解决实际问题的能力。随着社会形势的不断变化和发展,要求学生工作管理模式随之改变。新的管理方法和手段不能只是空谈理论,而应该在实际的工作中得到切实的运用,以达到理论指导实践的目的。只有具有实践性的学生工作管理,才能更好地适应日益变化的社会环境。

第二节　高校学生管理的对象与任务

一、高校学生管理的对象

所谓"管理对象"是指管理活动的承受者。随着人类认识的深化和管理的科学化、复杂化,不同时期、不同学派有不同的内容和见解:一是指管理活动所作用的各种具体对象。最初是人、财、物三要素,后增加了时间、空间,成为五要素,又增加了信息、事件,成为七要素。二是指管理活动所作用的特定系统,即把管理对象作为由多种因素组成的有机整体。系统与外界环境有信息、能量、物质交流。高校学生管理作为高等学校管理工作的重要组成部分,其相对应的工作对象无疑是指高校学生,从广义角度来看,这些学生应包括所有在高校求学的学生,即专科生、本科生、硕士生、博士生等。因为这些人都是高校学生管理活动的承受者。高校学生管理牵涉到诸多知识体系,包括管理学、教育学、青年心理学、政治学、人才学等,因此,高校学生管理是一门综合性、政策性很强的应用科学。它具有自己独特的研究对象,这个对象就是学生管理活动本质的、内在的联系及其发展变化的规律。

高校学生管理作为学校管理的一个重要方面,同其他管理工作一样,都是以教育领域某一方面的特殊现象和规律为研究对象的,它必然要受到教育领域总规律的支配与制约。因此,它又不同于管理工作的其他分类工作,具有相对的独立性。人们只有既认识到高校学生管理工作与其他管理工作的密切联系,又认识到它与其他管理工作的不同特点,才能真正揭示高校学生管理现象本身所具有的特殊规律,使之成为一门具有特性并富有成效的管理工作。

作为一门管理工作,一般而言,总要有相应的学科知识成为其所依循的工作方针,而一门学科的成立必须具备一个必不可少的条件,即它必须具有一套系统的范畴体系。范畴体系既体现了研究的角度,也展示了研究的内容,同时又表明了其相互间的关系。因此,准确而恰当地表述高校学生管理学的研究内容,最好的办法是确立这门科学的框架和范畴体系。高校学生管理工作要研究的内容应涵盖以下几方面。

第一,学科理论的研究。包括高校学生管理科学的性质、理论基础、研究对象和领域、主要研究任务、学科的地位和作用,高校学生管理的指导思想和原则,如何对历史的经验进行抽象和概括以纳入理论体系之中,如何移植、融合相关学科的理论,不断丰富、完善和发展高等学校学生管理科学等。

第二,方法论的研究。研究高校学生管理科学的方法论,一方面要研究根本的思想方法;另一方面还要研究具体的管理方法,如思想政治教育管理、大学生社区管理、教学与学籍管理、校园文化管理(含网络管理)、奖惩制度管理、社会实践管理、社团管理、心理健康与咨询管理、就业管理、学生党员管理与党建管理、学生干部队伍管理、学生群体性突发事件的应急管理等方面的管理方法与手段[1]。

第三,组织学的研究。高校学生管理是一项系统工程,必须形成有效的网络系统,发挥最大的组织功效,如高校学生管理的组织领导体制、学生管理队伍的建设、学生管理的现代化趋势等,都必须做更为深入、全面的探讨。

第四,学生管理制度与国家法律法规、中央相关政策、教育规律、教育法规、政治文明建设进程的相互关系以及相关政策法规和知识系统的研究。

第五,学生成长规律、心理生理特点与管理工作的有机联系研究,青年群体之间相互作用关系与高校学生管理工作的互动共生研究。

二、高校学生管理的任务

高校学生管理工作的基本任务,不仅包括研究学生管理学的相关体系,即研究高校学生管理工作与活动的知识系统理论,而且更重要的是这种研究必须着眼于寻求学生管理工作本身所蕴含的特殊矛盾,领悟和把握学生管理工作的运行规律,以更好地运用于学生管理工作的实践之中,有力地推动高校学生管理工作。高校学生管理工作的主要任务有以下几个方面。

第一,坚持马克思主义关于人的全面发展理论和党的教育方针,贯彻党的基本路线,以马克思列宁主义、毛泽东思想、邓小平理论、"三个代表"重要思想、科学发展观和习近平新时代中国特色社会主义思想为指导,以马克思主义哲学原理为方法论,认真贯彻落实新的《普通高等学校学生管理规定》,遵循党的教育方针和学校的培养目标,为培养全面发展的高素质的人才服务。

第二,系统总结我国高校学生管理工作的经验和教训。学生管理是一种既古老又年轻的社会现象,它伴随学校的产生而产生,有着悠久的历史传统和崭新的时代内容。

---

[1]宁晓文.高校学生管理模式的探索与创新[M].长春:吉林大学出版社,2019:111-114.

第三，批判地继承历史上的高校学生管理工作遗产，借鉴国外学生管理工作的经验，吸纳教育学、社会学、政治学、青年心理学、系统管理学、文化学等相关学科的知识理论，构建具有中国特色的、符合时代精神的高校学生管理模式。我国是一个历史悠久的文明古国，先辈们在学生教育和管理中积累了丰富的经验，这是宝贵的历史文化遗产，应当批判地继承，做到古为今用。同时，还应大胆借鉴国外高校的学生管理工作经验，去粗取精、去伪存真、融会提炼、博采众长，做到洋为中用。这样才能构建起具有中国特色的高校学生管理理论体系，并以此来指导实践，形成高效的、有益于大学生身心健康成长和成才的学生管理模式。

第四，加强科学研究，注重实践探索，不断发展高校学生管理工作的理论体系，推动高校学生管理工作模式健康运行。尽管学生管理工作有着丰富宝贵的实践经验和悠久的历史传统，但就总体情况而言，它与不断发展的中国特色社会主义的形势和发展趋势还存在着某些不适应，还面临着许多亟待解决的问题，无论是从理论要求上，还是从实践需求上，都需要科学化、理论化、法制化、人性化等诸方面的规范。因此，作为学生管理工作者，必须加强学生管理工作的科学研究，大胆探索，不断创新，切实把握新时期学生管理面临的新问题、新内容和新特点，努力用新方法、新思路和新手段去适应学生管理的新规律和新形势，使学生管理的理论与方式与时俱进，不断丰富和完善。

第五，以理论创新推动实践创新，促进学生管理工作的科学化、法制化和人本化。如何体现其管理制度的科学化、法治化和人本化，这是一个理论研究的问题，不仅需要研究法律与青年学的相关理论，还需要研究管理学方面的理论，同时更应注重将管理学、法律学、青年学有机结合起来，形成理论上的创新，推动实践创新。因为，大学生的管理不是一般的管理，而是一种对青年的管理，这种管理是要将这些有着一定知识的青年培养成德、智、体、美、劳全面发展的人才管理，换言之，这种管理的最高宗旨是要促进学生全面发展，使其成为国家的建设者和接班人。这就使学生管理工作牵涉到一系列的理论研究与实践探索，这就是现实交给学生管理工作者的光荣而艰巨的任务。

第三节　高校学生管理的指导思想与基本原则

一、高校学生管理的指导思想

研究我国高校学生管理,主要应注意运用以下几个方面的理论观点和指导思想。

(一)坚持马克思主义关于人的全面发展的理论

坚持马克思主义关于人的全面发展的理论,培养有理想、有道德、有文化、有纪律的全面发展的高级专门人才,是我国高校教育的根本任务。

社会主义大学的性质决定了社会必须确保学校培养出来的毕业生,不仅要有扎实的科学文化知识和健康的体魄,而且必须具有高度的社会主义觉悟,也就是要有理想、有道德、有文化、有纪律。要培养这样的新人,就必须按照马克思主义关于人的全面发展的教育思想办学。马克思主义教育思想的核心就是关于人的全面发展的学说,培养德、智、体、美、劳全面发展的社会主义建设者和接班人的教育方针,是马克思主义这一理论精髓的具体运用。

(二)运用马克思主义关于辩证唯物主义的理论

运用马克思主义关于辩证唯物主义的理论,用对立统一观点指导高校学生管理,在管理中坚持整体观。马克思主义辩证唯物主义哲学是一切社会科学和自然科学的理论基础。马克思主义的认识论和方法论,渗透于所有社会科学和自然科学之中,所以,也同样渗透于高校学生管理科学之中。要运用对立统一观点,坚持管理的整体观。在纵向上,坚持整体观就是局部与整体的统一,从学生管理工作的整体系统看,组成这个有机整体的各部分又都是一个支系统,是局部。学生管理系统的整体功能是由各部分的组合形式决定的,虽然支系统都各具有特定的功能,但它们都应服从学生管理系统整体的目的和功能,各个支系统的要素都是为了整体目的而建立的。在横向上,坚持整体观就是处理好各支系统之间的分工与合作的一致性,把各部门都协调到为培养全面发展的人才这一共同的管理目标上来。

(三)运用高等教育和现代管理科学理论

运用高等教育和现代管理科学理论指导高校学生管理,使大学生管理科学化。现代治校观念要求管理者靠现代科学来管理学校,管理学生。具体来讲有以下两个方面。

第一,要靠教育科学,要遵循教育的外部规律与内部规律办事。例如,高等教育的规模由一定的经济基础所决定,反过来又作用于一定的经济基础。高等院校作为高等教育的主要载体和平台,人才、资源、市场面临着越来越激烈的竞争,理念、体制、结构也面临新的变革和调整。高校要准确把握社会脉搏,直接面对市场办学。大学生管理也要研究新情况,解决新问题,面向新时代培养高素质的复合型人才。

第二,要运用现代管理科学的理论与方法进行管理,使学生管理队伍的组织机构严密,管理制度科学,人员分工合理,职责范围明确,奖惩分明,动作协调,工作高效等。运用现代管理科学指导学生管理主要是运用它的基本原理:系统整体性原理、要素有用性原理、动态相关性原理、人的能动性原理、规律效应性原理、时空变化性原理、信息传递性原理、控制反馈性原理等。应在管理实践中力争使管理组织系统化、管理决策科学化、管理方法规范化和管理手段现代化。

(四)继承和发扬我国高校学生管理的成功经验

中华人民共和国成立后,多年来高校学生管理工作的成功经验是当今学生管理工作的宝贵财富。

第一,社会主义大学必须坚持中国共产党的领导,坚持社会主义方向,这是我国多年来办大学的一条基本经验。坚持党的领导就是用党的路线、方针、政策作为社会主义大学管理的基本指导思想,就是要确保社会主义大学的社会主义方向,调动全校师生员工的积极性,为培养德、智、体、美、劳全面发展的高级专门人才努力奋斗。

第二,管理工作规范化、制度化。即把符合社会主义方向的,又经过实践检验比较成熟的民主管理和科学管理体制、程序、办法用制度形式固定下来,使工作形成规范,其中心点是责、权、利相结合,使制度的思想性和科学性统一。

第三,坚持理论联系实际的原则,面向社会实践,实行教育与生产劳动相结合。社会主义大学培养的人才,必须适应社会主义市场经济的需要,在思想上有高度的社会主义觉悟和共产主义献身精神,在业务上不仅要有理论知识,而且要有较强的分析问题和解决问题的能力,要有实干精神和较强的独立工作能力。

二、高校学生管理的基本原则

(一)高校学生管理基本原则的概述与依据

1.高校学生管理基本原则的概述

原则是对客观规律的反映,是观察问题和处理问题的准绳。高校学生管理的基本原则,是指高校在对学生实行全面管理和全程管理的过程中,观察、认识和处理各种矛盾和问题所必须遵守的基本准则,是对学校各级、各方面管理人员进行科学化管理所提出的基本要求。高校学生管理的基本原则,是以社会主义高等学校人才培养规格为管理目标,以教育科学和管理科学理论为依据,在长期的管理实践中,认真总结学生管理活动的经验教训,不断归纳提炼出来的,是学生管理活动发展到一定阶段的必然产物,它有着丰富的内容,是一个多层次的、相互联系的完整体系[①]。

高校学生管理基本原则,集中体现了学校管理的基本规律和本质特征,在整个学生管理过程中起着重要作用。学校各类管理人员,在工作实践中,总是自觉或不自觉地遵循着某种原则,而只有在科学的原则指导下,才会使学生管理工作有效,才能实现管理的目标。高校学生管理工作涉及学生的各个方面,它包括学生行政管理、学习管理、生活管理、思想政治教育管理、校园文化活动管理等,其内容包罗万象,涉及面非常广泛,因此,要使整个管理工作有序进行,实现高校学生管理的科学化、系统化和规范化,就必须认真贯彻执行学生管理的基本原则。

随着高校扩招、高等教育规模的扩大、高等教育由精英教育转向大众教育以及高等教育改革的不断深化,新事物、新问题不断涌现,高校学生管理面临许多新的矛盾、新的课题,面对这些新矛盾、新课题,高校学生

---

① 孙强.当代高校学生管理模式与制度研究[M].北京:地质出版社,2018:27-29.

管理工作者必须把握方向,明确目标,遵循学生管理的基本原则,勇于探索实践,一切从实际出发,深入研究学生管理的实践活动,坚持学生管理工作按客观规律办事,使学生管理各部门的工作协调一致,相互配合,从而保证学生管理目标的实现,为社会主义现代化事业培养优秀的建设者和接班人。

2. 高校学生管理基本原则的依据

高校学生管理基本原则的形成具有很强的实践性,它源于实践,具有充分的实践依据;同时,它又以教育科学和管理科学为理论基础,有着充分的理论依据。

(1)理论依据是人的全面发展理论和教育方针

我国社会主义大学的性质决定了我们必须确保学校培养出来的大学生是具有较高素质的人才,不仅要有扎实的科学文化知识和健康的体魄,而且必须具有高度的社会主义觉悟,即有理想、有道德、有文化、有纪律。造就全面发展的人,是高校的培养目标,是办社会主义大学、培养优秀建设者和创造型人才的出发点和归宿。社会主义学校制定学生管理的基本原则,就是要以"以人为本"的思想及教育方针作为理论依据。

(2)科学依据是高等教育科学和现代管理科学

高等教育具有自身客观存在的规律性,只有认识和掌握这些规律,并按照规律办教育,才能确保培养目标的实现。高校学生管理作为高等教育的一个重要组成部分,必须遵循高等教育的客观规律。高等教育规律分为外部基本规律和内部基本规律。外部基本规律揭示了教育与经济的外部关系,主要反映教育在国家建设和社会发展中的地位和作用、教育投资的经济和社会效益、教育的主要社会职能等方面。尽管在教育、经济与社会文化等诸多关系中,它们存在着相互影响与制约的作用,但总的来说,在经济、社会文化与教育的相互关系中,是经济、社会文化决定教育而非教育决定经济、社会文化。因此,随着经济、社会文化的变化,教育也将发生变化以适应和服务于经济、社会文化。作为高等教育中的学生管理当然也如此,一部中外教育史,往往折射出中外的经济和社会文化变革史,这是高校学生管理者必须明确的。

内部基本规律揭示了教育的内部关系,主要反映在培养目标,不同专业人才的培养规格、途径与方法等方面,它与社会的变化密切相连。科学的发展,促使教育手段的优化,科学的发展和社会的变革对人才提出了新的要求,这又促使教育的培养目标发生变化,如此等等,不一而足。高校学生管理必须遵循教育规律,要根据我国高等教育发展的状况,充分认识高级专门人才培养对发展社会主义市场经济所起的积极作用,使高校培养的学生主动适应社会的需要。要进一步明确社会主义高等学校的培养目标和人才规格,端正办学指导思想,摆正德、智、体三者的关系,积极探索更为有效的管理途径与方法,使高校学生管理系统化、科学化和现代化。

运用现代管理科学的理论与方法对高校学生进行管理,是时代发展的必然要求。现代管理科学作为高校学生管理原则的依据,就是在制定学生管理基本原则时,使学生管理队伍的组织机构严密、管理制度科学、人员分工合理、职责范围明确、奖惩分明、动作协调、工作高效。高校学生管理人员要善于运用现代管理科学的系统整体性原理、要素有用性原理、动态相关性原理、人的能动性原理、规律效应性原理、时空变化性原理、信息传递性原理、控制反馈性原理等,使学生管理组织系统化、管理决策科学化、管理方法规范化和管理手段现代化。

(3)实践依据是50多年来我国高校学生管理的经验与教训

社会主义大学必须坚持社会主义办学方向。坚持社会主义大学管理的基本指导思想,就是要确保社会主义大学的社会主义方向,调动全校师生员工的积极性,为培养德、智、体、美、劳全面发展的社会主义建设者和接班人而不懈奋斗。一切管理工作都要根据对应的方针、政策去组织和实施。各项规章制度的制定都要有利于调动广大师生员工建设社会主义的积极性,有利于合格人才的培养,为社会主义市场经济的建设和发展服务,为全面建成社会主义现代化强国服务,这是确立高校学生管理基本原则的立足点。

高校学生管理工作的规范化、制度化,会把符合社会主义方向的、又经实践检验的、较为成熟的民主管理和科学管理体制、程序、办法用制度形式固定下来,使工作形成规范,其核心是责、权、利相结合,使制度的思想性和科学性相统一。

坚持实践第一的观点,理论联系实际,面向社会,实行教育与生产劳动相结合。社会主义高校培养的人才,必须适应经济社会发展的需要,在思想上有高度的社会主义觉悟,诚实守信,敬业乐群,有奉献精神,在业务上既要有较好的理论素养,又要有较强的分析问题和解决问题的能力,要有脚踏实地的实干精神和开拓创新的创造能力。这既是高校学生管理原则制定的出发点,又是其归宿。

(4)依法管理学生工作是社会发展的必然要求

第一,依法管理学生工作,是建设社会主义法治国家的客观要求。社会主义法治国家的建立,不仅需要有完备的法律体系,更需要全体公民具有良好的法律意识和法律素质,使国家和社会生活的各个方面实现有法可依,违法必究。高校大学生是社会知识群体中的一部分,他们的行为对社会具有较强的示范和影响作用。依法管理学生工作,有利于新时期依法治国方针的实施。

第二,依法管理学生工作,是社会主义市场经济的客观需要,社会主义市场经济的本质决定它必须是法治经济。市场主体的活动、市场秩序的维系、国家对市场的宏观调控、对外开放的坚持与完善、以公有制经济为主体多种经济成分共同发展的基本经济制度的巩固和完善、按劳分配为主体的多种分配方式的有效运作、市场对资源配置基础性作用的发挥,都需要法律的规范、引导、制约和保障。这是完备的市场经济体系形成的最基本条件之一,同样它也必然要求整个社会生活步入依法管理的轨道。高等学校作为市场经济的主体之一,它的运作必然要按照市场经济的需求来进行。高校的学生管理工作开展与实施是高等学校育人工作的一项重要的内容,理应符合市场经济的要求;市场经济要求依法进行,当然,高校的学生管理工作也需要依法进行。只有这样,高校学生管理工作才能经受住挑战,并融入市场经济中去,实现与市场经济的接轨。

第三,依法管理学生工作,是高校内部改革的需要。随着改革的不断深入,高校后勤社会化的进程日趋加快,这既有利于高校集中精力抓好培育人才、发展科学及服务社会等工作,同时,也为发展社会第三产业,提高就业机会创造条件。实行开放式管理,要使大学生既能适应后勤服务社会化的管理,又要实现高校教育培养目标,实现学校管理与社会管理的接轨,就必须依法管理。

第四,依法管理学生工作,是师生个体完善的内在要求。改革开放以来,我国的社会主义法律体系以很快的速度丰富和发展,法律已渗透到社会生活的各个方面,规范着人们的行为,在高校学生与学生之间、学生与老师之间、学生与学校之间都可以找到法律、法规所适用的内容和范围。普通高校大学生一般均具有民事和刑事行为能力,是完全行为能力人。因而依法开展学生工作,有利于促使大学生养成知法、用法、护法的良好习惯,同时,又能使学生明确自己的义务、权利、职责等,这些对推进全社会法治化进程,进而建设社会主义法治国家都有着积极的作用。

(5)高校学生管理工作迫切需要依法管理

第一,长期以来,思想政治教育工作作为高校学生管理工作中的一项重要内容,发挥着巨大的作用。大学生的行为越来越社会化,在这种情况下,仅靠思想政治教育工作,显然远远不够,只有逐步实现依法开展学生管理工作,才可能走出学生教育管理工作的困境。

第二,全民普法教育虽已进行多年,大学生的法制教育也进入了课堂,但在实际工作中,有的执法部门出于对大学生前途的考虑,在处理问题时在某种程度上影响了法律的严肃性。

第三,在高校学生管理工作中,有的学生违纪后出走等事件时有发生,这些都给学生管理工作带来了许多问题。然而有的学生家长却把责任推给校方,甚至影响了高校正常的教学和管理工作,增加了正常工作的难度和复杂性。因而,实现依法管理,有利于明确个人行为的法律责任,无疑是解决此类问题的良策。

第四,高等教育面临着严峻的挑战,人们的教育思想、教育观念也正在进行积极地调整和改变,素质教育已成为教育改革的方向。实现用法律管理高校学生工作,用法律法规来调整大学生的行为,有利于提高学生管理工作的效率与质量,减少教育管理工作者额外的劳动,也为实施素质教育创造了一定的条件。

(6)如何依法开展高校学生管理工作

第一,针对高校这个特殊群体制定专项法律、法规来加以规范。从目前高校的实际来看,对于学生的违纪、违规的处理,院校之间掌握的尺度不一致,影响了公平性。如果有了明细的法律、法规作为统一公平的标准那就较为客观,处理的效果可能会更好一些。

第二,要大力加强大学生法律意识教育。目前,高校法律课往往只在某个年级阶段开设,且形式较为单一,加之课时较少,难以保证让大学生系统地了解法律知识,增强大学生的法律意识更是困难重重。因而,大力加强大学生的法律意识教育,使它贯穿于大学生的整个学习阶段,不仅仅是为了方便学生管理工作者对大学生在校期间的管理,更主要的是使大学生树立牢固的法律意识,养成良好的学法、知法、守法和护法的习惯,为毕业后步入社会发挥引导和示范作用,推动整个社会法治化建设。

第三,要逐步形成依法管理高校学生管理工作的育人环境。依法管理高校学生管理工作不能仅仅针对学生,而应当是全校的各个方面都要依法进行管理,尤其是管理干部和教师要特别重视强化自身的法律意识。在处理老师之间、师生之间的问题时,也要体现依法管理的原则。在制定管理规定时,应充分考虑到法律的一致性。在实施依法管理的过程中,也要体现人人平等、一视同仁的原则,只有这样,才能切实做到依法管理。

第四,要建立一支适合依法管理的高校学生管理工作干部队伍。要在高校学生管理工作上实施依法管理,就必须建立一支适合依法管理的高校学生管理工作干部队伍。可以挑选一些思想政治觉悟高的教师,进行法学理论方面的专门培训,使他们能获得法律方面的专业理论知识,鼓励他们攻读法学类研究生和考取律师资格证等,以他们作为基础力量。外聘一些专职的司法工作者,组成学生法律援助组织和仲裁机构,并与司法部门建立联系,协同接受各类申诉,处理一些案件,这样对依法管理高校学生管理工作将会非常有利。

依法管理是做好高校学生管理工作的一条有效途径,但在实际工作中,我们不能夸大依法管理的作用,也不能抛弃传统的思想政治教育的模式,只有把二者有机地结合起来才能有效地做好各方面的工作,从而实现高校学生行为管理与社会行为管理的接轨,使高校学生养成自觉遵守法规的习惯,成为有理想、有道德、有纪律、有文化,身心健康、成熟坚强的现代化建设人才。

(二)高校学生管理基本原则的内容

1.工作方向性的原则

管理是一种有目的的活动,管理工作必然具有方向性。以坚持社会主义方向为准绳,这是我国高校学生管理工作的一个本质特点。社会的性质制约着学校的性质,进而决定学校一切管理工作的性质,因此高校学生管理工作要作为一种有目的、有意识的自觉活动,为社会主义现代化建设培养造就大批合格人才,这是高校学生管理工作必须遵循的一条最基本、最重要的原则。

2. 理论与实践相结合的原则

理论与实践相结合,坚持实践是检验真理的标准,这是马克思主义的基本原理,也是高校学生管理的基本原则。准确领会和掌握马克思主义相关科学及各种管理原理,把握它们的精神实质,这是搞好学生管理工作的前提。但是,管理原理的应用价值和范围是受不同学校、不同管理对象和管理者水平等因素制约的。党和国家在社会主义现代化建设进程中有着基本的教育方针和政策,在各个不同发展时期,针对不同特点,又提出一系列具体的方针、政策和要求。这些方针、政策和要求,应当体现在各高校学生管理的具体措施、方法之中,但是科学的学生管理必须从本地区、本校、本专业、本年级学生的具体情况出发,从学生的素质、兴趣、爱好和青年的生理、心理特点等出发,制定出相应的方法和措施。

3. 行政管理与思想教育相结合的原则

培养学生的共产主义思想品德既需要耐心细致地说理教育,也需要坚持不懈的行为训练,使学校的教育要求变为学生的行为习惯,否则,教育的效果就不会巩固。学生良好行为习惯的训练和培养离不开科学的管理,没有合理的规章制度、行为规范,思想政治教育就会空乏无力。行政管理在培养社会主义合格人才的过程中具有不容忽视的作用,为教育工作提供规范、准则和纪律保证,但是具体的大学生管理是通过规章制度、行为纪律对学生的思想行为进行科学的指导和制约的。这些制度、措施、纪律表现为社会与学校的集体意志对大学生的要求,表现为对大学生行为的外在限制,因此,想单纯地运用管理制度去解决学生复杂的精神世界问题是违背教育规律和不切实际的。高校对学生进行管理的措施的制定与实施,必须以提高学生的认识能力,培养学生自觉遵守规章制度的自觉性为前提。自觉的纪律来源于正确的认识,离不开正确的教育,只能通过科学而有效的思想教育,帮助学生提高执行纪律的自觉性,才能真正实现管理的效能。

4.民主管理的原则

高校学生管理工作的一个重要方面,就是要培养学生自我控制、自我管理的能力,激励学生在管理中的主动意识和主人翁态度,充分调动学生自我管理的内在积极性。因此,社会主义学校学生管理工作中坚持民主管理的原则才是符合整体管理目标的。

从大学生的心理特征看,他们处于心理自我发现期,这一时期他们产生认识和支配自我、支配环境的强烈意识,他们的思想和行为表现为明显区别于中学生的相对独立倾向,希望自己的意志和人格受到外界更多的尊重。他们对学校制定的规章制度、行为纪律会思考它们的合理性,一般不希望被动地处于服从和遵守的地位,而是要求参与管理。根据学生培养目标和他们的心理特点,在管理工作中应充分发扬民主,把学生看成既是管理对象同时又是管理主体。在实行民主管理时,应注意发挥党团员学生的作用,重视学生干部的选拔与培养,这是调动学生中的积极因素、实现学生民主管理的重要任务之一。

第四节　高校学生管理的特征与作用

高校学生管理是学校管理的一个重要分支,是学生管理理论与实践的高度综合与概括。半个多世纪以来,我国高校学生管理的实践证明,对大学生的成功管理,要遵循高校管理的基本规律,把握住高校的特点。只有这样才能使高校学生管理产生积极的效益,确保学生成才。

一、高校学生管理的特征

(一)政治性特征

管理是一种有目标的活动,管理工作必然具有某种方向性。当前,高校学生管理必须紧紧围绕着为全面建成社会主义现代化强国培养合格人才这一中心目标服务,这是目前我国高校学生管理工作的一个本质特点。

学生管理工作作为一种手段,是为教育方针服务的,而教育方针是一定时代的政治、经济和文化等现实在教育领域的反映。众所周知,中外教育史上都有重视德育的传统,但不同时代、不同社会,其德育中"德"的内涵是大不相同的。

学生管理工作的政治性,决定了学生管理工作者必须具备应有的政治素质,不断提高自身的政治敏锐性,时刻关注政治局势,把握大局,保持与党中央的高度一致。

(二)针对性特征

学生管理既然是管理,就不会离开管理学科的特点,它不可避免地要吸收国内外相关管理科学方面的理论知识体系和工作经验。但大学生管理不同于一般的管理,它有着自己的特殊性。这些特殊性至少表现在以下三个方面。

第一,管理的对象是大学生(社会角色而言),他们本身就是一个特殊的社会群体,是一群掌握一定基础知识和专业知识的潜在人才群体。

第二,管理的对象是青年(生理心理角色而言),他们处于血气方刚、激情澎湃、感情冲动、充满朝气的人生阶段。

第三,管理的对象是正在接受知识教育和思想道德教育的青年群体,他们是一个处于想独立而在经济上又不能独立的半独立状态的青年群体。

以上三方面的特点决定了高校学生管理的针对性,决定了高校学生管理必须涉及青年学、生理学、心理学、教育学、人才学和管理学等诸方面的知识体系。

从青年学(含生理学、心理学)的角度而言,应当看到,大学生管理面对的是朝气蓬勃的青年人,他们的世界观、人生观、价值观尚未完全定型,他们对异性的关注和对人生的理解等,都有着这个时代的烙印,受到所处的时代环境的影响,与20世纪五六十年代成长起来的一代人是有着明显区别的。要管理好他们,就必须研究了解他们,要研究了解他们,就必须把握时代特征,要把握时代特征,就必须弄清楚这个时代的政治、经济、文化及科学技术发展大方向。

从教育学的角度而言,高校学生管理必须有利于青年大学生的成长,必须符合教育规律。换言之,就是大学生管理必须按教育学、人才学所揭示的规律来进行。比如:大学生德育、智育、体育之间的关系如何在学生管理中有机融合的问题;知识的获得与能力的培养如何有机协调的问题;尊重学生个性与学校统一管理如何获得有效一致的问题;课堂教学与社会实践如何结合的问题等,都是需要认真研究探索的。

从管理学的角度而言,科学的管理从本质上讲是法治化、人性化管理。管理的有效实施离不开规章制度的建设,而法律与规章制度的制定往往是以一定的理念为指导的。在法学中,指导法律制定的是法理(法律理论);在政策学中,指导规章与政策制定的是政治理论和与政治理论相关的哲学理论。由于法律、规章与政策所针对的都是人,所以,都离不开对人的理性化认识。

(三)科学性特征

对于大学而言,建立一套集德、智、体和日常生活管理于一体的系统管理制度,其实质是一种约束和规范,即把学生的思想、情感、行为和意志等引导到国家所倡导的培养目标上去。这一活动目标的实现要求制度具有科学性,而高校学生管理制度的科学性至少包括以下几方面的内涵。

第一,符合法律法规。即要求学生管理制度符合国家的法律法规精神的要求。

第二,符合学校的实际。学校的实际包括学校的层次类型以及学校所在地的地域人文风情。

第三,符合大学生的生理心理特点。这就要求高校的学生管理制度制定者必须了解学生,既要了解大学生的实际情况,又要清楚培养目标与要求[①]。

第四,具有可操作性。作为管理制度,有理论指导,又与理论有所不同,其最大的特点就是它必须具有可操作性才能真正达到管理的目的,没有可操作性,再好的制度也只能是理论上正确而不能执行的制度。必须指出,在现实中确实有高校存在难以操作的、正确的规

[①]余敬斌.高校学生管理工作模式创新研究[M].长春:吉林文史出版社,2018:69-73.

章制度。

二、高校学生管理的作用

高校学生管理工作是高校教育管理工作的重要一环,其责任总体上与高校的根本任务是一致的,这种责任决定了高校学生管理工作的重要作用。它主要反映在以下几个方面。

（一）育人的作用

高校学生管理是高校管理的重要方面,高校是人才培养的基地,高校管理是为培养人才服务的,高校学生管理更是直接针对大学生的。但这种管理却与一般意义上的管理不一样,它不是单纯的管理,而是带有教育性质的服务,即不仅要通过管理促进高校的有效运行,而且要通过管理达到教育目的,使学生成为高校的合格"产品"。也就是说,高校的学生管理是一种"管理育人"的管理,这种管理要与高校的教学、思想政治工作和心理健康教育等一系列工作有机结合起来,产生一种管理育人的效果,促使教育方针在高校真正得到落实。

（二）稳定的作用

高校学生是一个特殊的社会群体,他们具有青年的特质——朝气蓬勃、充满激情、追求真理、关心时事,但同时也有着青年固有的不足。他们在法律上是完全民事行为能力人,但从某种意义上讲,他们在心理上却是准成年人。与其他同龄人相比,他们掌握着更多的知识,但较之真正的知识分子,他们的知识又存在结构上的缺陷和知识量上的不足。在全面建成社会主义现代化强国的过程中,各种政治、经济、社会和文化等方面的矛盾必将反映到大学生中来,如果管理不到位,高校的群体事件就可能变为政治性群体事件,从而给社会的稳定带来威胁。因此,依法管理,预警在先,通过制定并实施符合学校实际的规章制度,引导大学生端正学习态度,明确学习目的,掌握正确的学习方法,养成良好的生活习惯,通过各种渠道和措施,为大学生建构良好的心理品质,形成稳定的情绪,从而保持学校的稳定,是高校学生管理的重要作用之一。

（三）增强能力的作用

高校是培养人才的场所,因此,高校的学生管理应有培养学生的功能,应发挥增强学生能力的积极作用。例如:社会实践的管理,可以增强大学生的社会实践和社会活动能力;实验室的管理,可以增强学生的动手能力;心理咨询可以提高学生自我认识、自我调节的能力;学生的党团活动可以提高学生对党团的认识水平等。

第二章　高校学生管理工作的基础

第一节　高校学生组织与干部管理

一、高校学生组织

（一）高校学生组织的意义

组织是按照一定的目的和系统组织起来的团体,或者说把具体任务或职能相互联系起来的整体。其是按一定的目标所做的系统的安排,包括权力分配与责任划分、人事安排与配合,以便达到共同的目的。

无论是正式组织还是非正式组织,尽管其结构形式不同,活动内容也不同,但它们仍有其共同点,即职责(或权力)等级和任务的分工,都是一种开放性的适应性的系统。

所谓高校学生组织是指专业、年级、班级等不同系统,为培养德、智、体、美、劳全面发展的社会主义建设者和接班人服务这样一个共同目的而组织起的领导团体,如学生党支部、团总支、学生会、班委会等。与其他组织相比,学生组织有其共同点,但更具有自身的特色。

第一,权力范围小。学生组织同样要进行职责划分和任务分工,但其权力范围要比一般组织小得多,不与社会生产及其他经济活动发生直接的联系。学生干部虽然参与政治和行政管理活动,但没有直接制定政策的法定任务和权力,主要是执行。

第二,成员变动大。学生组织成员变动较为频繁,任职时间最长的也只有三年或四年,一般情况下,任职时间为一至两年。这是由高校学制期限所规定的。

第三,系统性强。除了校级学生组织跨系统外,其他学生组织均以系、专业、年级和班级为系统建立,一般与高校党政组织设置系统相适应。

第四,服务性强。学生组织的主要任务就是贯彻、落实和执行高校党政领导部门所下达的各项具体任务,直接为学生的政治思想活动、业务学习活动、文娱体育活动等服务。此外,其服务性强还表现在,学生所做的工作只是奉献和义务,没有任何报酬。

第五,民主性强。通常情况下,学生组织都是由民主选举直接产生的,没有任命制,只是个别或少数的采用聘任制。

(二)高校学生组织的设置

高校学生组织的设置必须遵循以下两条原则。

第一,精干的原则。精干的原则是高校学生组织设置所必须遵循的。不然,很容易产生人浮于事的现象,从而造成人力、物力和财力的浪费,工作效率不高。但是把精干原则理解为越少越好,造成不能完成工作,同样不符合精干原则的要求。因此,必须正确理解精干原则所包含的两个方面的含义,即质量和效果。

所设置的学生组织,既要在数量上满足工作的需求,又要在质量上满足工作的需要。这里所谈的数量和质量又分别有两个含义:数量是指工作任务量和干部成员的多寡,质量是指干部成员的素质和完成工作任务的质量,二者必须有机结合。

第二,统一的原则。组织结构完整严谨,职责划分合理,内部分工明确,协调配合得当,是统一原则的主要内容。具体要求是:一是把同一类工作任务归于某一学生组织或部门管理;二是专人专职负责,职责相称;三是指挥灵活,信息沟通渠道畅通;四是各部门之间经常性地交流信息、互相配合。

总之要做到高校学生组织设置科学、结构合理、上下沟通、信息灵敏,才能极大地提高工作效率,达到预期的目标。具体来说,高校学生组织设置具体如下。

1.学生党支部

高校一般是以专业来划分系(部)的,再根据招生规定划分不同的年级,年级下设学生班。高校建立学生党支部要与学生行政组织相对应,把党支部建立在系或年级或班上。这样与行政建制相对应建立起来的学生党支部,使党支部的成员与本班、本年级的同学朝夕相处,熟悉情况,有利于党支部在学校各项中心工作中发挥政治核心作用;有利于党支部起到党密切联系广大同学的桥梁和纽带作用,经常了解同学的思想状况,反映同学的意见和要求,有效地做好同学思想政治工作,进一步密切党群关系;有利于具体指导和帮助团支部、班委会开展工作,提高工作效率[①]。

2. 团总支

一般来说,团总支以系(部)或年级为单位设置,团支部以学生班为单位设置。校团委的主要领导职务由专职干部担任,其委员大多由学生担任。团总支书记由青年专干担任,副书记和其他委员由学生担任。团支部书记和委员以及团小组长均由学生担任。各级团组织成员的多寡,可根据高校实际情况来配备。团总支在接受校团委领导的同时,还要接受系党总支的领导。

3. 学生会

学生分会以系(部)为单位设置,所有学生分会及下属组织的成员均由学生组成。校学生会除了接受校学生工作处(部)的指导外,还要接受校团委的指导和帮助。学生分会和班委会分别要接受团总支和团支部的指导和帮助。

(三)高校学生组织的作用

高校学生干部不是自发产生的,而是根据共同目标,按照一定的原则,在学校党委和各级党组织考察和培养的基础上,由广大同学或代表推选出来的。他们是贯彻执行党的教育方针和学校党委的决议和意见的骨干分子。他们的工作是高校党的思想政治教育工作的重要组成部分。

第一,高校学生党支部作为在学生中最基层的党组织,在贯彻执行党的路线、方针和政策的过程中,在发挥党支部的战斗堡垒作用和党员的先锋模范作用方面,在密切联系同学、经常了解同学党员对学校党组织工作的批评和意见、尊重同学的合理化建议、关心同学、爱护同学、帮助

---

①李兰,郝希超,原平.高校学生事务管理模式创新与实践[M].长春:吉林文史出版社,2019:89—91.

他们提高思想觉悟、努力学习方面,在教育和支持其他学生组织积极开展工作、努力为同学服务方面,在维护校规校纪方面等,起着十分重要的作用。

第二,高校共青团组织,是中国共产党直接领导下的先进青年的群团组织,是广大青年在实践中学习共产主义的学校,是中国共产党在高校中的得力助手和后备军,它的一切工作都是围绕党的中心工作开展的。在贯彻执行党的教育方针,把高校建设成为社会主义精神文明坚强阵地的工作中,在造就社会主义事业接班人的伟大工程中,在为我党培养和输送合格后备军的伟大实践中,有着其他组织不可替代的地位和作用。

第三,高校学生会是中国共产党领导下的中华全国学生联合会在高校的基层组织,是党联系广大学生的桥梁和纽带。它在团结教育广大学生为振兴中华刻苦学习、全面发展,维护校园安定团结、建设校园民主、丰富广大学生文化生活,维护广大学生的合法权益,用党和人民的要求规范学生的行为,培养广大学生严格的组织纪律性等方面,同样有着不可替代的地位和作用。它是高校思想政治教育工作的重要组成部分。

高校学生干部生活于广大学生之中,与广大学生有着密切和最广泛的联系,最了解、最清楚、也最易于掌握学生的思想状况。因此,对于广大学生来讲,学生干部最有发言权。但了解学生不等于就能当好学校党的工作的得力助手。学生干部要充分发挥学校领导联系学生的桥梁和纽带作用,当好助手,必须做到:主动关心同学的学习、工作和生活,注意倾听他们的呼声,并及时向学校各级组织反映。对于学生正当的需求,要尽最大的努力去满足;对于不正当的或暂时不能满足的需要,要耐心细致地加以解释,做好思想政治教育工作。

二、高校学生干部管理

(一)高校学生干部与高校学生干部工作

帮助学生干部认识自己所扮演的角色及其特点,有助于其带头作用、骨干作用和桥梁作用的发挥,把学生紧密地团结在一起,勤奋学习,刻苦钻研,锐意进取,成为社会主义建设事业的合格人才。

1.高校学生干部

(1)学生干部的含义

高校学生干部虽然与一般领导干部有着较大的区别,但仍然具有一般领导干部的本质属性。因此,高校学生干部就是充分调动学生的积极性和创造性去努力实现培养德、智、体、美、劳全面发展的社会主义建设者和接班人这一宏伟目标的集体成员或个人。

(2)学生干部的特点

第一,队伍庞大。依据高校学生组织的设置要求,所配备的学生干部人数众多,一般要占学生总人数的三分之一以上。这一特点是由高校学生活动内容广泛而丰富的内在联系所决定的。

第二,人才齐备。高校学生干部是经过高考筛选后再筛选,来自全国各个地区的学子,有能歌善舞的,有酷爱美术和体育的,等等。这为高校学生干部顺利地、生动地开展工作,带来了一个十分优越的条件。

第三,热情高涨。高校学生干部都是20岁左右的热血青年,体力、精力充沛,思想上对未来充满十分美好的憧憬,敢想、敢说、敢为。

第四,贴近学生生活。由于客观环境的作用,使得高校学生干部始终与学生同吃、同住、同学习,朝夕相处,形影不离。学生干部最了解学生,学生也最了解学生干部。学生干部的举动,学生都看得清清楚楚,这给学生干部工作带来了许多方便,可以使他们及时了解同学的利益要求、思想动态等,以便制订出有效的工作计划,采取有力的工作措施,可以使学生干部的工作直接接受学生的监督和检查,及时修正工作中存在的不足或失误,以便把工作做得更好。

2.高校学生干部工作

(1)高校学生干部工作的含义

高校学生干部和高校学生干部工作是两个既有联系又有区别的概念,不能混为一谈。所谓高校学生干部工作是指高校学生干部运用一定的工作技巧和方法,按照一定的职责权利范围,充分调动本校或系或班或小组同学的积极性和创造性去努力实现培养德、智、体、美、劳全面发展的社会主义建设者和接班人这一宏伟目标的过程。这个过程包括确立目标、预测决策、制订计划、指挥执行、组织协调、指导激励、沟通信息、监测反馈、过程调控、工作评估等。

（2）高校学生干部工作的特点

第一，执行性。高校学生干部和其他学生一样都是学生，处于受教育阶段，在法定方面上还没有承担高校管理决策的社会责任，同时尚缺乏应有的高校管理决策能力，因而，虽然要积极参与学校的管理活动，但不能做最后的决策。所以，高校学生干部工作的重要任务是贯彻执行和落实学校党政领导下达的各项工作任务。当然，在保证执行、贯彻和落实学校党政领导下达的各项工作任务时，要积极思考，富有创造性，采取各种行之有效的方式和方法去完成它。

第二，广泛性。高校的一切工作都是围绕学生展开的，同时，又要通过学生干部工作这一环节落到实处，因而，高校学生干部工作必然要涉及高校工作各个方面，从而使其内容丰富而广泛。从总体上来讲，高校学生干部工作包括思想政治教育工作和日常事务管理两大方面。具体来说，在思想政治教育工作中，要组织经常性的大量党团政治活动，诸如政治学习、讨论，发展党员和团员，举行各种寓教育于活动的竞赛以及做好大量的经常性的个别思想教育工作等。在日常事务管理中，要抓校风校纪的建设、业务学习、文体活动、生活卫生等。

第三，具体性。高校学生干部工作十分具体。例如，落实学校领导下达的开展"学雷锋户外活动"的具体任务时，学生干部要做出详细的计划和安排，把"学雷锋户外活动"的具体任务分派到人，并且自始至终地参加活动的全过程。

第四，复杂性。高校学生干部所做的一切工作就是要求同学按照学校的要求和规范去做，而人的行为是受思想支配的，这就是说，要使同学能按照学校的要求和规范去做，必须做好同学的思想工作。人的思想活动具有极大的隐秘性，而要打开学生的心灵之窗并非易事。此外，年轻的大学生（当然包括学生干部本身在内）世界观还不成熟，还缺乏观察分析周围事物的正确方法，因而纷繁复杂的社会现象反映到学生脑子里，就会产生各种正确的和不正确的思想观念。要帮助同学去掉头脑中那些不正确的思想观念，就必须找到产生不正确思想观念的根源。然而，往往由于人的思想活动的隐秘性特点，很难做到这一点，因而使得高校学生干部工作呈现出复杂性。

第五,周期性。由于高校学制的制定和学期的划分,相应地高校学生干部工作具有明显的周期性,且周期短,一般为一个学期或一个学年度。但是,研究学生干部工作的周期性时必须注意,这种周期性的活动不是简单的圆周运动,因此,每一个工作周期到来时,在认真总结经验的基础上,要不断地分析新情况,研究新问题,采取新的方式和方法做好新的工作。

3. 高校学生干部工作是教学与管理工作的重要组成部分

(1)高校教学工作中不可缺少的部分

教学质量与人才质量紧密地联系在一起,提高教学质量是高校的主要工作之一。加强教学管理是提高教学质量的有力保证,而高校学生干部工作是具体实施教学管理措施的有力保证。

第一,维护教学秩序。教学活动十分具体而又频繁,光依靠学生干事和辅导员以及任课老师远远不够,大量的具体细致的管理工作则依赖于学生干部。如果离开学生干部的努力工作,就很难保证教学活动的有序性和教学质量的提高。

第二,沟通教学联系。在教与学的过程中,一方面,学生会时常碰到这样或那样的疑难问题需要解决,另一方面,教师为了提高教学水平,也需要了解学生对教学工作的意见和要求。因此,客观上要求及时沟通教与学之间的联系。此间,学生干部扮演着及时沟通教与学相结合的重要角色,从而使教与学双方得到有效沟通,及时解决学生学习上的疑难问题,提高教师的教学水平,保证良好的教学质量。

第三,促进良好学风的形成。学生干部组织广大学生开展一些学术研究活动,培养广大学生的学术研究兴趣和能力,同时,组织广大学生开展一些有益教学工作的活动,诸如百科知识竞赛、学习竞赛、学习经验交流、师生恳谈等。这些活动的开展,对形成良好的学风,无疑是不可缺少的。

总之,高校学生干部工作在教学工作中,对于维护教学秩序、沟通教学联系、形成良好学风、提高教学质量有着不可替代的作用,是高校教学工作中不可缺少的重要组成部分。

(2)高校管理工作中不可缺少的部分

第一,弥补学校管理工作中的人员不足。良好的校风和良好的校园秩序的形成离不开严格的管理,二者之间相辅相成,互为因果。广大学生是良好的校风和良好的校园秩序的直接体现者。要管理好由不同民族、不同风俗习惯、不同性别等组成的大学生群体,使他们养成良好的习惯,自觉维护校园秩序,光靠学校专职行政人员和老师显然是不够的,也是不切合实际的。因此,大量的行政管理工作需要学生干部去承担。学校的规章制度需要学生干部去实施、去落实,特别是学生自我管理方面,学生干部工作显得尤为重要。对于这些工作,学生干部则完全有能力来承担,因为学生干部有着庞大的队伍,占学生人数的百分之三十以上,可以弥补学校管理工作人员的不足。

第二,弥补学校微观管理的不足。对于学校来说,要把关于学生在学习上、生活上等方面的规章制定得十分完整而具体,是很困难的。一般来说,学校只能从宏观上做出较全面的规定,在微观上就要求学生干部作出有力的补充,这种补充主要体现在以下两个方面:一是创造性地执行学校的规章制度。即要根据实际情况,如不同专业,不同年级,不同性别,不同生活习惯,不同特长、爱好、兴趣,等等,在保证执行学校规章制度的前提下,制定出符合学生实际情况的实施细则,使学校规章制度落到实处。二是及时调控宏观管理。宏观管理的依据,归根到底来自实践。学生干部较之学校行政干部来说,对学生的实际情况要了解得多,而且,学校宏观管理终归是为学生服务的。因此,学生干部及时向学校反映学生中的情况变化,可弥补学校调控宏观管理时的信息不足。

(二)加强高校学生干部管理的途径

高校学生干部提高自身的素质既是履行好自身职责,完成学校交给的各项任务的首要条件,也是把自己培养成为社会主义事业接班人的内在要求。接受学校有系统、有计划、有目的的组织教育与考核是学生干部提高基本素质的一条重要途径。怎样对学生干部进行有效的组织教育和全面的考核,加强学生干部的管理,也是摆在高校思想政治工作者面前的一个重要课题。

1. 加强组织教育

高校学生干部既是干部,又是学生,其成长与进步同样离不开学校组织的教育与帮助。因此,高校学生干部必须接受有系统、有计划、有目的的组织教育。当然,学校各学生工作部门也应该注意不能仅使用学生干部而忽视对他们的教育。学校应把通过组织教育来提高学生干部的基本素质纳入工作计划,作为培养合格的社会主义接班人的重要组成部分,从政治思想、理论修养工作常识、基本技能等方面对他们进行全面、系统的培训。

(1)马列主义理论教育

高校学生干部是党在高校做好学生思想政治工作的得力助手,因此首先学生干部自身需要有扎实的马列主义理论基础。学校方面可以采取举办学生干部理论学习班等方式对他们进行行之有效的培训和辅导。对于学生干部中要求入党的积极分子要及时组织相关学习,使之接受更为系统、深入的马列主义理论教育。

(2)世界观、人生观和价值观教育

高校学生干部要完成好自己的使命,除具有坚定的政治立场、较好的马列主义理论素养外,还要树立正确的世界观、人生观、价值观。这些思想观念的形成固然要靠学生干部自己在平时的学习、生活、工作中去自觉训练和加强,积极参加学校组织的有目的、有系统的教育和引导,则能较快和较好地树立起正确的世界观、人生观和价值观,从而对人生、对社会乃至整个世界各种现象持有正确的观点和态度。在这方面的教育与引导中,既可以采取讲座、报告会等方式集中统一地进行理论疏导,也可采取观看电影电视、阅读文学作品、参观访问等方式进行情感熏陶。思想观念的教育只有与情感熏陶并进,才能收到较好的效果。

(3)常识教育与技巧训练

学生干部工作的效果与其所掌握的工作常识及工作技巧与方法是密切联系在一起的。学生干部接受学校系统、全面的工作常识教育和基本的工作技巧与方法的训练是十分必要的。

2.加强组织考核

组织考核是提高学生干部基本素质的又一有效途径。它可以帮助学生干部及时发现自身的不足,正确对待所取得的成绩,从而扬长避短,全面发展。考核学生干部素质的途径很多,一般可分为学校组织考评、学生干部自评、学生考评三种,但应以学校考评为主。考评学生干部基本素质的内容有很多,但应以考评思想品德和心理能力素质为主。

(1)思想政治素质的考核

考核学生干部思想政治素质的方法有很多,但其中最有效的途径是对学生干部的实际工作进行认真地观察和分析,透过现象把握其政治立场、观点、态度、世界观、人生观和价值观等。对于具有较好的马列主义理论水平,并善于在工作中用马列主义的立场、观点与方法去分析和处理问题的学生干部,要肯定他们的成绩,并帮助他们进一步提高。对于马列主义理论基础还较差,在实际工作中一时还不能很好地用马列主义的立场、观点与方法去分析问题的学生干部,要指出他们的不足,并及时进行帮助。

(2)品德素质的考核

学生干部要履行好职责,除了要有坚定正确的政治立场外,还要有优良的品德素质。高校党的组织、领导及教师应该对学生干部的品德素质进行经常性的考核,及时发现他们的不足,并帮助他们克服,使之成为名副其实的骨干。

考核学生干部的品德素质要从工作作风、生活作风以及是否敢于开展批评与自我批评等方面入手,要注重在实践中考核。衡量学生干部是否有良好品德素质的标准归结起来主要有三条:一是态度,即在工作上是否肯干、积极、认真和负责;二是服务,即是否乐于把自己的长处与能力最大限度地用于工作,是否乐于奉献,乐于为全体学生服务;三是律己,即在学习、工作和生活中是否严于律己,以身作则,勇于抵制不良倾向。

(3)心理素质的考核

针对学生干部的心理能力素质状况,开展及时、有效的考核是十分重要的。学生干部在工作中经常会遇到许多矛盾,需要处理好各种复杂的关系,如学习与工作的关系等,如果没有丰富的情感和顽强的意志,就很难做到大胆开拓、勇于克服各种困难而创新。如果没有较强的指挥、协调能力,就不可能很好地把学生组织起来,也不可能得心应手地处理好各种具体的工作关系和矛盾。一个学生干部是否有顽强的意志、丰富的情感,是否有宽厚的胸怀承受各种打击,是否有熟练的指挥协调能力,都可以从他的具体工作中反映出来。

因此,学校领导和教师要注重从工作实践中考核评估学生干部的心理能力素质,才能对学生干部的心理能力素质有客观的评价,有的放矢地帮助他们在实践中锻造自己,逐步形成高强度心理能力素质。

第二节　高校学生制度与体制管理

高校学生工作专职教师在开展思想政治教育和管理工作时,必须建立一套系统而完整的制度。制度是要求人们共同遵守的办事规程。制度的建立,必须遵循一定的原则,不可随意而定。制度制定后,要有人来执行,就需要有良好的体制来保证。

一、高校学生制度

在我国古代,制度是法令、礼俗的总称。现在,制度通常是指关于整个社会组织或某一事项的整套的行动准则。

管理这种职能活动,是伴随着人类社会有组织活动的出现而产生的。凡有人群活动的地方,为了有序而又有效地组织生产、学习、工作和生活,必须制定出能够调整人们相互关系的行为规范或行动的准则,这既是管理的需要,又是管理职能的具体体现。高校学生思想政治教育和管理制度是高校学生的行为规范,因此,建立一套系统而完整的高校学生思想政治教育和管理制度是十分必要的。

(一)高校学生教育和管理制度的意义

我国高校的规章制度是党的优良传统和社会主义道德观念、行为观念、行为规范(即国家法规)、是非标准等在高校学生日常工作、学习和生活等方面的具体体现。它是全体学生必须遵守的行为准则;是培养自觉的纪律性,培养共产主义道德品质和形成良好校风的重要手段;是实行科学管理,办好社会主义大学的重要保证。所以建立高校学生思想政治教育和管理制度,对办好社会主义大学具有以下几点意义。

第一,有助于充分发挥学生的积极性。大学肩负着培养社会主义事业的建设者和接班人的历史重任。为了完成这一光荣使命,高校就必须建立起符合大学教育工作客观规律、符合现代管理原理、充分体现党的优良传统和社会主义道德观念及行为规范的系统的高校学生思想政治教育和管理制度。这样,就能把全校学生的积极性发挥出来,形成一种远比个人力量总和大很多的集体力量,办好社会主义大学。

第二,有助于建立正常的学习、工作和生活秩序。现在的大学,少则上千人,多则上万人,而且是一个多层次、多学科、多系统、多结构的复杂的综合体。高校学生工作专职人员要把每个成员的智慧和力量最优化地组合起来,就必须在加强思想政治工作的基础上,建立起一整套的规章制度,使学生有规可循,有矩可蹈,做到学习、工作和生活井然有序。

第三,有助于培养学生高尚的道德品质,形成良好的学风。社会主义的精神文明,是社会主义的重要特征,是社会主义制度优越性的重要表现。思想建设决定着精神文明的性质,因此,培养学生具有马克思主义的世界观,共产主义的理想、信念和道德,有为人民服务的献身精神和以共产主义劳动态度建设科学的、与时俱进的高校学生管理制度,对培养学生高尚的道德品质和良好的学习、工作及生活习惯,无疑是意义重大的。

(二)高校学生教育和管理制度的基本要求

建立高校学生思想政治教育和管理制度必须符合以下几点要求。

1.政策性

政策性是指高校学生思想政治教育和管理制度必须同党的路线、方针、政策和体现党的路线、方针、政策的国家的法律、法令、条例、决议、指示、规章、规程,尤其是党和国家的教育方针保持高度一致,而不能有丝毫的背离。党的路线、方针、政策和国家的法律、法令、条例、决议、指示、规章、规程等,是一个国家总的行为规范,是指导全局的,是制定高校学生思想政治教育和管理制度的依据。高校学生思想政治教育和管理制度则是党的路线、方针、政策和国家法律在高校学生日常学习、工作和生活诸方面的具体化。局部必须服从全局,否则就会迷失方向[①]。

---

①梁书杰.高校学生工作模式与管理方法研究[M].长春:吉林科学技术出版社,2019:126—130.

2.整体性

整体性是指按照现代管理学观点,国家是一个系统,教育是属于国家的子系统,学校是隶属于教育的子系统,学校各部门是隶属于学校的子系统。系统是有组织、有层次的,各组成部分都是为了一个共同目标而形成的有机整体。高校学生工作专职人员必须树立全局观念,正确处理局部与全局的关系,正确处理学生的学习和课外活动的关系,以及团组织与学生会工作之间的关系等。在处理各种关系时,必须使整个系统处于协调状态,才能发挥整体的最佳功能,达到教育管理的最佳效果。

3.民主性

民主性是指高校学生思想政治教育和管理制度必须符合广大学生的根本利益,并获得广大学生的积极拥护和支持。我国是社会主义国家,人民是国家和社会的主人,党和国家的一切政策、法令都是以是否符合广大人民群众的根本利益,是否获得广大人民群众的积极拥护和支持为最高标准的。一切损害人民群众根本利益的政策、法令或行为,必将遭到人民群众的坚决抵制和反对,失去立足点。学生是管理的对象,又是管理的主体,在制定学校规章制度时,必须从学生中来,到学生中去,广泛听取学生意见,做到集思广益,紧紧依靠广大学生把教育和管理工作做好。

4.科学性

科学性是指高校学生思想政治教育和管理制度必须符合高等教育的客观规律。任何领域都有其自身的规律,高校学生思想政治教育和管理制度也不例外,诸如教育和管理必须与学生的年龄相适应的规律,思想政治教育中知、情、意、行活动过程的规律等。一定要认识和严格遵守这些客观规律,才能实行科学管理,充分调动各方面的积极性。同时,还要善于借鉴现代科学管理理论,不断总结高校思想政治教育和管理经验,把行之有效的传统管理经验与现代管理理论有机地结合起来,才能不断提高科学管理水平,提升管理效率。

5.教育性

教育性是指高校学生思想政治教育和管理制度必须对学生起到教育作用,即能培养学生社会主义道德观念、行为规范、思想品质和严谨、务实、开拓、进取的工作作风。这样,同学们既有章可循,又有进取的目标,充分发挥规章制度本身的教育和激励作用。但是,必须指出的是,在规章制度制定和实施过程中,必须坚持思想政治工作领先的原则,把启迪、疏导作为一条主线贯穿规章制度的全过程中,这样,规章制度的教育性才能充分显示出来。

6. 严肃性

严肃性是指高校学生思想政治教育和管理制度必须做到令行禁止,奖罚分明,对任何人也不例外,使学生的行为得到规范。在建立高校学生思想政治教育和管理制度时,凡应规范的都要规范,各级学生组织和个人必须严格执行。在执行过程中,严格按制度办,不能时宽时严,时紧时松,要坚决维护其严肃性。此外,要注意凡属将来才能规范的或者要创造条件才能规范的,就一定要留待将来或条件具备的时候再规范。只有这样,才能使制度有相对的持续性。

7. 可操作性

可操作性是指高校学生思想政治教育和管理制度应尽可能做到量化,制定出符合教育、管理实际的科学指标,并用分值表现出来。这样,不仅能使全体同学在实施的过程中做到心中有数,自觉约束自己,在检查处理时也能避免主观随意性。

上述基本要求,既有各自的独立性,又相互紧密地联系在一起。只有严格遵照这些基本要求而制定的规章制度,才是经得起实践检验而又有强大约束力和教育意义的制度。

二、高校学生体制管理

(一)高校学生行政体制管理

建立一套完整的大学生行政管理工作体制是做好大学生管理工作的重要保证。高校的整个行政管理体制是一个大的系统工程,而学生行政管理体制,只是整个系统工程中的一部分,或称为一个子系统。为了使整个学生行政管理工作能够跟上形势的发展,适应实际工作的需要,有必要对学生行政管理工作体制做进一步的分析,以加强体制的建设,逐步提高学生行政管理工作的水平。

1.高校学生行政体制管理的现行模式

随着教育事业的发展,学生行政管理工作的体制不断完善。高等教育事业的不断发展使高校的规模得到了扩大,高校的领导体制,包括学生行政管理工作体制也发生了变化。从高校学生行政体制管理的变化看,可归纳为以下四种模式。

(1)行政体制管理机构呈散在模式

学生行政管理工作由学校各部、处及有关机构各司其职,实施行政管理的职能。这一模式,在校级、系级、年级(班级)三级组织机构设置方面,沿袭历史上的"直线职能参谋组织形式",一般来说,未增设新的行政管理机构。但在职能和权限划分方面,分权化的组织管理制度强化,促使整个行政管理工作有规律、有节奏地顺利运转。

(2)行政体制管理工作机构呈专兼模式

学校建立了学生处,成为学生行政管理工作的主体之一,而其他各有关部处,兼有关学生行政管理职能,整个学生行政管理工作呈现专兼结合、齐抓共管的局面。这一模式,在校级建立了专门的、独立的学生行政管理机构——学生处。系级学生行政机构设置,各校情况不一,有的学校在系级设立了学生办公室,专门负责学生行政管理工作,有的学校系部行政机构设置维持原状。在年级(班级)基层组织一级仍由辅导员(或班主任)负责管理,少数学校在年级设立了学生办公室。

目前,全国有许多高校采用这一模式,在校级设立了学生处。但在学生处的职能和权限划分方面却不尽相同,大体上有以下三种情况:第一,学生处不仅负责学籍管理的全部行政工作,还作为职能部门负责奖励与处分,配合有关部门负责课外活动、校园秩序的行政管理,并承担每年的招生工作与毕业生就业工作。第二,学生处负责学籍管理中的大部分内容,还负责每年的毕业生就业工作,而招生工作则由招生办公室承担。有关学生的教学管理,如成绩考核与记载工作、升级与留降级工作等由教务处负责。其他的权限划分同第一种。第三,学生处除负责与第二种情况相似的职能外,还负责部分的生活后勤工作,如宿舍管理等。

(3)行政体制管理机构呈复合模式

学校在校级建立了学生部和学生处,部、处合一,实行"一套班子、两种性质"的工作模式,成为学生行政管理和思想政治教育的主体。这一模式,有的大学在系级设立了学生办公室,主管学生行政管理工作和思想政治教育工作,有的大学视情况设立了学生年级办公室,负责本年级学生行政管理和思想政治教育工作。

(4)行政体制管理机构呈各部处模式

学校建立了学生工作指导委员会或学生工作领导小组,委员会下设实体性的机构——学生工作办公室,办公室兼有协调、指挥各部处执行学生行政管理的职能和思想教育的职能。而各部、处在学生工作办公室的指导下,照常履行原来承担的有关行政管理工作的职能与权限。系与年级组织机构无重大变化。

上述模式中,有两个共同的特点:一是管理机构的组织形式均采取"直线职能参谋组织形式";二是分权管理形式增强。

2.行政体制管理的模式特点

目前,高校学生行政管理体制,各种模式机构设置不尽一致,权限划分各有差异,每种模式也各有特点,具体如下。

(1)学生行政体制管理的散在模式

这一类型的高校,多数是在校学生数不太多,校领导有较多精力关心学生工作,各级学生行政管理机构干部配备较强,所以,它沿袭历史上我国高校学生行政管理工作体制,有如下特点。

第一,采取"直线职能参谋组织形式"。这一模式中,校长是唯一的行政负责人,有全面的领导和指挥权,对一切工作都负有全面的责任。各职能部门按照校长的要求,在业务上负有指导下属部门的权力和责任。各级组织在行政上相对独立,可充分发挥主动性。这样既保持了统一领导,又充分发挥了各职能部门的积极性和主动性。

第二,分权管理制度加强。在新形势下,为了适应学校管理的要求,学校将有关行政管理权限下放:如学生行政处分权,记过以下的处分由系级部执行;如学生的奖学金金额,部分的单项活动或班、系活动奖励及补助系级部有权决定。这也有利于调动各级组织的积极性,促进行政管理工作的高效运转。

第三,兼容一体,易于协调。这一模式无新机构设立,许多相关的相互交叉、相互渗透的工作,依然处于一个处室,如学生生活管理处于总务处,学生学籍管理的许多工作处于教务处,便于配合,易于协调。

(2)学生行政体制管理的专兼模式

这是从散在模式发展而来的,因此,它们之间特别是在权限划分上有许多相似之处。由于在校级建立了学生处,在较大的系级建立了学生办公室,所以学校中出现了学生行政管理体系,同时,也明显地反映出以下几个特点。

第一,学生工作统筹安排,全面协调能力增强。专管学生工作的主干处——学生处对学生行政管理工作及有关学生工作情况负有全面关心、通盘考虑、及时汇总、向上报告及建议的责任,并能在校长领导下,对各行政部门工作中出现的矛盾、问题及时参与协调。

第二,有利于队伍素质提高,稳定性增强。由于专管学生行政管理工作体系出现,使学生行政管理工作机构、人员稳定性增强,方针、政策、规定的连续性加强,工作方法的创新、理论研究的开展、工作经验的积累、管理人员的业务素质趋于上升势态。

第三,学生行政管理工作的应变能力增强。在新的形势下,学生行政管理工作不仅要有正确性、规范性,还应讲究时效性。建立了专司学生行政管理的工作体系,就能有一批长期专门从事学生管理的工作人员,能较正确地掌握党的方针政策,全面了解学生情况,遇事能及时向领导提供各种情况和选择方案,以便于领导准确决断。

(3)学生行政体制管理的复合模式

它由专兼模式进一步发展而来。由于学生处和学生工作部实现了两块牌子一套班子,因而它有一个明显的特点,即在组织机构上实现了学生思想政治教育和学生行政管理的结合,改变了长期以来行政管理和思想教育相分离的状况,使对学生的言和行、想与做的教育统一在一个部门,使学生的学籍管理、课外活动、校园秩序、奖励和处分等学生管理主要内容的执行,基本上是由学生处与学生工作部作为一个职能部门来承担。

(4)学生行政体制管理的各部处模式

它既同散在模式相似,又同复合模式相近,它唯一的特点是兼指挥和执行于一身。由于它有居于部、处之上的职能部门——学生办公室,所以既可以指挥行政部、处,又能协调各种关系与矛盾;既能够抓行政管理工作,又能抓思想教育工作。

3.行政体制管理的成效

学生行政管理工作的成效,取决于两点:一是领导和干部队伍;二是管理体制。当前有一批较长时间从事学生工作的同志,他们有能力、有水平、有积极性与创造性,虽然管理体制不够完善,但凭借这批骨干的创造性和努力,高校的学生管理工作是有很大成绩的。随着社会的发展和新形势下对高校学生管理工作的要求,还需要改进工作、完善政策、健全体制。

行政体制管理成效是由这个学校的历史与现状、领导与干部队伍的素质和结构、教师与职工的思想水平与觉悟、学校的任务和条件等形成的综合因素决定的。只有当一个具体模式适合这个学校的情况,并能创造出最优成绩时,才是最佳的选择。

从学校学生管理体制发展的趋势来分析,选择具体模式应考虑两个问题:一是是否需要建立专门的学生行政管理体制;二是是否需要实行学生行政管理工作与学生思想政治工作相结合的管理体制。

(二)高校学生思想品德教育体制管理

各高校具体情况、人员素质、传统风格、办学特点不相同,中华人民共和国成立以来也经历过一些变化,但总的来说,我国高校学生思想品德教育实行的是综合管理体制,这种体制主要由几种制度构成。

1.专职干部责任制

高校专职党团干部是党的教育方针与政策在各单位的综合贯彻执行者,是对学生进行各种思想品德教育管理的设计者,是发动全体教师教书育人的组织者。因此,专职干部在学生思想品德教育管理中发挥着不可替代的作用。学生专职干部主要指担任党团职务,专门从事学生教育管理的干部,包括学生工作部(处)或宣传部、校团委的干部,各系主管学生工作的党总支(分党委)副书记、团总支(分团委)干部等。专职干部一般按学生人数的1:150配备,不足150名学生的单位可根据实际工作情况考虑。专职干部在学校党委的领导下,具体由学校主管部门和各系党总支共同管理。他们除根据实际表现和工作需要晋升职务外,同时,作为学生思想品德课教师在晋升专业职务方面享受与其他业务教师同等待遇。

(1)专职干部的职责

第一,开展学生思想和学生工作的调查研究,根据全局形势,结合学校的实际,进行正确决策,统一制订本系统学生思想政治教育、管理工作计划,保证学生思想品德教育管理工作的整体性与系统性。

第二,负责安排、协调、组织开展党团教育、政治学习和日常思想品德教育管理各项活动。按照教育部的要求,专职干部要讲授或辅导思想品德课,并负责组织形势教育、大学生思想修养、人生观教育、法制教育、职业道德教育、毕业教育与就业教育等思想品德课程的教学工作;负责指导年级主任、兼职辅导员(或班主任)、研究生政治导师的工作,包括制订工作计划,提供有关信息和教育材料,检查总结工作以及负责评比优秀教育工作者等工作;负责指导学生干部的工作,关心学生干部的培养教育,具体指导团组织、学生会开展各项教育管理活动。

第三,依靠年级主任、辅导员(或班主任)、研究生政治导师和学生干部,正确执行有关学生的各项政策,指导并做好学生的思想品德考核,毕业鉴定与考核,评定三好学生、奖学金、优秀学生干部、优秀团员、先进班集体以及评定贷学金等工作,负责做好学生的就业及派遣工作。

(2)担任专职干部应具备的条件

专职干部主要从毕业生或青年教师中挑选。从事学生教育管理的干部必须具备以下几个条件。

第一,坚持四项基本原则,积极拥护、努力贯彻党的路线、方针、政策,在政治上同党中央保持一致,一般要求是中共党员。

第二,热心思想工作,热爱、理解、熟悉青年学生,联系群众,作风正派,坚持原则,办事公正,严于律己,为人师表。

第三,具有一定的社会工作经历和组织管理能力、表达能力和调查研究能力,能独立开展工作。

第四,具有大学本科以上文化水平,业务成绩优良。

2.教师指导学生责任制

教师在教育学生的过程中起着主导作用。调动教师教书育人的积极性是抓好学生教育管理工作的关键。除了要求所有教师在教学过程中为人师表、严格要求、注重学生思想品德教育之外,这里说的教师指导学生责任制,是要求一部分教师在完成自己教学、科研工作的同时,兼做一个年级或一个班的学生教育管理工作。指导教师包括年级主任、辅导员或班主任、研究生政治导师(以下统称指导教师)。

指导教师中的兼职辅导员或班主任可以采用分段制(即一、二年级为一段,三、四年级为一段),也可以实行四年一贯制。人数在120人或120人以上的年级应配备年级主任,负责组织、协调本年级的工作,不满120人的年级可根据情况按专业或系配备年级主任,年级主任在任职期间以学生教育管理工作为主,也可适当担任少量的教学、科研工作。研究生政治导师以研究生人数1∶40配备,其待遇与业务导师相同。

(1)指导教师的职责

第一,努力贯彻党的教育方针,对加强学生思想品德教育管理的目的、意义认识正确,严于律己,言传身教,引导学生德、智、体、美、劳全面发展。

第二,负责指导学生团支部、班委会开展各项有益的活动,负责组织本年级(或班)的政治学习、组织生活、班务会议,做好日常的思想教育管理工作,保证学校各项教育管理计划、措施、制度在基层的贯彻落实。

第三,负责执行本年级(或班)学生的思想品德考核,评比三好学生、奖学金、优秀学生干部,推荐免试研究生以及毕业生就业等有关政策,对发展学生党员提出建议和意见。

第四,指导学生开展有关业务学习、课外科研、学术交流等活动。

(2)担任指导教师应具备的条件

第一,坚持四项基本原则,忠诚党的教育事业,品德高尚,作风正派,能做好学生表率。

第二,有一定的社会工作能力和从事思想教育管理工作的经验,工作责任心强。

第三,有一定的学术水平,教学效果好,在担任指导教师期间,须担任本年级(或班)一门业务课的教学工作。

3.学生自我教育与管理制

学生自我教育与管理制就是在学校党委的领导下,充分考虑到大学生的特点和未来社会对人才的要求,在学校专职干部、教师的指导下,通过学生干部,在学生中建立各项教育管理活动的制度。

学生自我教育与管理制包括学生党团组织制度,学生会组织管理制度,学生社团及刊物管理制度,学生勤工俭学、社会实践管理制度,学生业余文化、体育活动管理制度,学生寝室管理制度等。学生自我教育与管理制度由学生团组织、学生会在专职干部的指导下制定,按照团组织、学生会的系统下达执行,并负责检查、总结、修改、完善。各系团总支(或分团委)、学生会在执行制度过程中根据本单位的实际,在不违背学校团组织、学生会制度原则的情况下,可以进行适当的调整,作为学校制度的完善与补充。

(1)学生干部的职责

第一,学生干部所担任的各项社会工作,既是服务工作,也是学校不可缺少的教育管理工作,他们都应在自己分工的工作中认真贯彻党的路线、方针、政策。

第二,学生干部在自己所管辖的范围内,应大胆行使职权,弘扬正气,打击歪风,批评不良行为。

第三,对学生思想品德考核、鉴定、评比三好、评奖学金、入党、入团、毕业就业等,向专职干部、指导教师提出建议和意见(专职干部、指导教师及学校有关部门应尊重学生干部的意见,在加强指导的同时,放手大胆地使用学生干部,充分发挥学生干部在教育管理中的主人翁作用)。

为了让更多的学生更好地参与社会工作,发挥学生的积极性,学生干部一般不兼职,有条件的班级、系可实行轮换制,以便使更多的学生得到锻炼。

(2)学生干部的具体条件

第一,拥护党的路线、方针、政策,积极要求进步,坚持德、智、体、美、劳全面发展。

第二,热心为学生服务,积极肯干,作风正派,在学生中有较高威信。

第三,学习勤奋刻苦,学习态度端正,学习成绩优良。

第四,校、系的主要学生干部,必须是所在班的优秀学生。

第五,负责的某一方面工作尽量考虑到学生自身的爱好与特长。凡是受到学校通报批评以上处分的学生,凡是学习成绩较差或有不及格功课的学生不宜担任学生干部。

（3）学生干部的产生与调整

第一，所有团支部、班委会以上的学生干部，都必须经过全体会议或代表会议民主选举产生。新生进校第一学期，成立临时团支部和班委会。考虑到新生之间相互不熟悉，学生干部根据招生或档案的记载与指导教师商量指定，第一学期结束时，再进行民主选举。以后根据情况每学年改选一次，学生干部可以连选连任。

第二，参加学校、系有关单位和部门工作的各类学生工作人员（如校刊、广播台、学生会各部工作人员）可采取选聘的办法挑选，经学生所在系的专职干部和指导教师同意后即可担任一定的社会工作。

第三，学生社团组织和社会实践、勤工俭学活动的负责人，由学生民主选举，分别报学校或系团组织批准，特殊情况也可由校、系团组织、学生会指定。

第四，学生干部的选举、增补、免职、调整必须经过同级党组织同意，并按管理范围向上级组织报告，按照正常的民主程序进行，不得擅自改选或任免干部。

（4）学生干部的培养与教育

第一，学校有关部门、校团委应利用业余时间有计划地对学生干部进行培训。培训包括理论学习、工作指导、经验交流、形势分析等。有目的地提高学生干部的思想觉悟与工作水平，增强他们的自我教育与管理能力。

第二，在寒暑假期间，学校应组织学生干部到边远地区、工厂、农村进行考察参观，了解社会实际，增强社会责任感和社会阅历。专职干部与指导教师在工作中要对学生干部严格要求，认真培养，既精心指导，又大胆放手，克服一切由学生干部自己干和包办代替的倾向，使学生干部在实践中不断成熟、进步。

（5）学生干部的考核与奖惩

第一，学生担任的社会工作，应在学生考核、鉴定中予以记载，对于工作中的成绩与实际水平也应如实反映，以便毕业就业时用人单位考察。凡是学生选举出的干部，都应在评三好学生、奖学金等政策中进行恰当的肯定,在学生入党、入团、毕业就业时应作为全面衡量学生的依据之一。

第二,学校除评比三好学生以外,每年还应评选一次优秀学生干部,优秀学生干部可以同时评为三好学生,以鼓励学生干部的积极性。

第三,对学生干部工作的考核主要由上级学生组织、学生专职干部和指导教师共同考察与评定。

第四,对有错误或因工作不负责造成损失的学生干部,按学校有关规定,不宜继续工作的,应按程序予以免职或除名。

第三节　高校学生自我管理与民主管理

一、高校学生自我管理

高校学生的自我管理,简而言之,就是学生自己管理自己,其目的在于激发学生在管理中的主人翁精神。它是学生根据教育目的和培养目标的要求,运用现代科学管理方法,为实现个人管理有效地调动自身的能动性,训练和发展自己的思维,规范和控制自己的言行,完善和调节自己心理活动的过程。学生自我管理就其方法来说,可分为学生个体自我管理、集体自我管理和参与性自我管理。

(一)学生自我管理的特征

第一,对象特征,即管理与被管理两者的统一。学生自我管理同其他管理活动的根本区别在于,其他管理活动强调对他人或他物的管理,而学生自我管理则是行为发出者作用于自身的活动过程。自己既是管理者又是管理对象,这是自我管理最基本的特征。进行自我调节和控制是学生自我管理的实质所在。

第二,过程特征,即自我认识、自我评价、自我控制、自我完善四位一体。在学生自我管理中,从目标的建立到组织实施,再到调节控制以及不断完善,融于学生一体。学生在认识社会、他人和自己的基础上设计自己,在管理过程中评价、控制自己,最后达到目标的实现,到此也就完成了学生自我管理的一个循环——不是简单重复,而是在社会、个人的动态环境中螺旋式的循环。

第三,内容特征,即不同的时代具有不同的内容。此特征有以下两个方面的含义:一是生活在一定社会条件下的人,其思想水平、知识水平和心理素质就被打上时代的烙印,学生也是如此;二是学生自我管理的目标及其社会意义具有鲜明的社会、政治、经济和文化特征。今天,社会为自我管理提供了汲取营养的现实土壤,而作为新时代高校大学生,就应该热爱祖国,热爱人民,追求真理,锐意进取,艰苦奋斗,乐于贡献。

(二)学生自我管理的原则

从整体上说,学生自我管理不完全取决于个人愿望和努力,它必须反映社会和学校的需要,必须受到社会条件和学生管理制度的制约,符合社会道德规范,同学校培养目标一致,并置身于社会管理和学校管理之中。学生自我管理集主客体于一身,具有它的特殊性。所以,它除了遵循管理一般原则之外,还应遵循以下几项原则。

1.自觉自愿原则

学生自我管理是学生自己管理自己的一种管理方式,从管理内容的制定、目标的确定和实施到信息反馈、总结纠正等,都应由学生自己编排,要自觉自愿。当然,自觉自愿也不是放任自流,为了保证自我管理的正确方向,学生在自我管理时,必须接受学生管理部门的指导和必要的约束。对集体自我管理来说,必须注意吸收全体学生参与管理工作,充分调动和发挥每个人的聪明才智。

2.认识评价原则

学生实行有效的自我管理之前,必须全面认识自己及其所在班组、学校乃至整个社会的现状。要参与就必须认识,同时,只有参与,才能认识更全面。学生自身的政治素质、文化素质、心理素质、身体素质和社会阅历是自我管理的内在条件,而班级、学校的状况、目标、任务、结构和功能、国家政策、经济文化背景和社会规范等是自我管理的外在条件,只有正确认识社会,客观评价自己,才能使自我管理切合实际。

3.严密性与松散性相结合的原则

所谓严密性,对集体自我管理是指应当有相对稳定的组织、明确的宗旨、科学可行的计划和管理制度,有相对稳定、水平较高的骨干力量;对个体自我管理则是指目的明确、计划周密、心理状态良好。所谓松散性,是指在严密性的前提下,对学生自我管理的时间、地点、参加人员、活动内容及形式可做一些选择。这里的"严"与"松"是辩证统一的,如果没有明确的目的、严密的组织、严格的制度和较好的管理者,集体的共同利益就难以维护,教育目的也难以实现。因此,学生在自我管理中要强化集体意识,自觉服从、维护集体决议,模范地做好集体工作,只有这样,才能保证学生自我管理沿着正确的方向而不失控。同时,由于高校学生群体内部结构层次的复杂性,在保证集体利益和共同要求的前提下,要尊重学生的个性,促进学生个性发展。同学之间提倡互相尊重,互相学习,在相互帮助中共同进步。

(三)学生自我管理的作用

学生自我管理有以下两个作用。

第一,加强学生自我管理有利于学生健康成长。青年学生正处在心理的转折期、自我发现期,他们强烈希望自己的意志和人格受到外界的尊重,具有强烈的参与意识,而学生自我管理则恰恰满足了他们的这种心理愿望,从而促进其心理的健康发展。他们心理的健康,有利于学校的稳定。但是,由于学生世界观、人生观尚在形成过程中,他们在复杂、动态的环境里,也必然会受到各种错误思想的干扰。要有效地消除这种消极影响,除了学校、社会和家庭的教育、指导外,作为学生自己也要加强理论、思想修养,在自我管理的实践中,提高辨别和抵制错误思想的能力,使自己健康成长[1]。

第二,加强学生自我管理有利于增强学生适应社会的能力。一方面,由于目前我国还存在着教育与实践相脱节等弊端,以致许多学生动手能力和创造精神较差;另一方面,学生最终都将走向社会,接受社会检验,随着人才市场需求关系的变化,社会对学生的知识水平、知识结构、专业技能以及走上社会的适应能力提出了更高的要求。因此,学生要在复杂的社会环境中既能适应社会的要求,又能有所作为,必须在求学期间利用一切可以利用的机会,有针对性地实施自我管理,逐步缩小所学知识

---

[1]孙小龙,沈红艳,江玲玲.国际视野下高校学生事务管理发展研究[M].北京:中国书籍出版社,2019:53-56.

与社会需要的差距,不断增强自我认识、自我评价、自我控制能力,实现自我完善,为将来走出校门后尽快地适应社会奠定坚实的基础。

(四)学生自我管理的内容

学生自我管理的内容是由时代对高校学生的要求和历史赋予他们的使命决定的,概括起来主要有思想素质、业务素质和身心素质三个方面的自我管理。它们之间是相互作用、相互渗透的辩证统一体。下面仅就业务素质的自我管理做简单的阐述,具体如下。

所谓业务素质的自我管理是指学生在老师的指导下,通过积累知识、发展智力和锻炼能力而进行的管理。

1. 要树立正确的成才观

学生的成才,不仅是由他的知识、智能决定的,更主要的是由其正确的学习目的和勤于奋斗的精神所决定的。那些极端利己、自私的人,那些从自我出发,把个人利益置于集体、国家利益之上的人,不但不能成才,还可能会成为社会发展的阻碍。只有那些具有远大理想和抱负的人,才会使知识、智能、素质、觉悟在自身中得到统一;只有那些把自己的前途和国家命运、民族未来紧密联系起来的人,才会在事业中有所成就。

2. 要掌握学习规律,完善知识结构

学生的主要任务就是通过艰苦而复杂的脑力劳动,不断增长知识,提高能力,掌握学习规律,完善知识结构。课堂学习是学生接受知识和教育的主要途径。预习、听课、复习等是学生课堂学习的主要环节,也是学生加强自我管理的重要方面。学习还要学会自学。一个人要获得完全的知识,必须具备两个条件,即书本知识和实践知识。学习实践知识,就要深入下去,投身于实践,向社会学习,在实践中积累和完善自己的知识。同时,还要完善和优化智能结构。智能是智力和能力的总称,是指一个人观察问题、分析问题和解决问题的能力。观察力、记忆力、思维力、想象力和操作能力是智力结构的五个要素。

(五)学生自我管理的途径

学生自我管理是在家庭、社会和学校管理教育的灌输、诱导、组织、指导下,进行自我规划、自我调节、自我教育和自我完善的。由于人和社会环境的复杂性,学生实现自我管理的途径、方法,也是多种多样、纵横交织和不断发展变化的。

1.加强学校民主建设,促进学生的自我管理

学校民主建设的本质是把广大教师、学生真正看作学校的主人和学习的主体。在学校提倡科学,崇尚民主,为师生创造民主参与管理的机会,让他们在工作和学习中感到自己是社会的主人,是学校的主人,激发起稳定的、持久的自觉性和主动性,这样,学校才能有凝聚力,才能树立良好的学风、校风。如果学校不能顺应和满足他们的心理要求,仍然把他们作为纯粹的管理对象,采取命令式管理,那么只能压制学生的能动性,伤害学生的自尊心,其结果只会引起学生的不满。事实证明,良好的学风、校风的形成,主要不是靠行政管理的强制力量,而是靠群体的力量、靠群体规范和舆论这样一种无形的力量。因此,民主建设是学校培养人才的前提和保证,制度管理是加强高等学校民主建设、创造良好校园环境的保障。

在管理中,学校要尽量为学生创造知政、议政和参与管理的场所和条件,扩大和完善学生参与管理的渠道,发挥他们在管理中的作用。学生参与学校管理,有归属感和主人翁感,就能发挥集体的智慧,使决策更正确。同时参与管理也是调动学生积极性,培养学生能力,扩大学生与管理部门联系的好办法,可以提高人的素质,实现民主管理。人是管理的核心,提高人的思想、道德、知识素质,是完善学校民主管理的首要条件。学校要加强思想政治教育课的教学,充分发挥党团组织的作用,发挥管理者、教师的作用,要鼓励学生参加教育改革,激励学生自爱、自强,采取各种形式帮助学生明确民主与集中、自由与纪律的关系,增强民主意识,树立正确的世界观和人生观。学生有了"精神能源",学校民主管理才会有坚实的基础。

2.搞好学生组织的建设

学生组织主要是指校、系、班级的学生会或班委会、团组织和其他社团组织。这些组织是学生自我教育、自我服务、自我管理的主要形式,也是学校做好学生管理工作的保证。

加强学生组织建设,要选好、用好学生干部。学生干部来自学生,他们既是受教育者和被管理者,也是学校管理干部的助手,还是学生活动

的直接组织者和学生基层组织的管理者。要建设一个良好的集体,必须有一批优秀的学生干部,选好、用好学生干部对于学生管理工作至关重要。

加强学生组织建设,要发挥学生组织的教育、管理功能。学生组织是学校系统中的一个子系统,加强组织建设,目的就是要发挥其作用。在教育方面,学生组织可以通过组织学生学习理论知识、时事政治、业务知识,通过举办演讲会、座谈会、报告会,组织学生参观、访问、调查和参加劳动等活动,帮助学生共同探讨理想与现实、自由与纪律、民主与集中、权利与义务、学习与工作、事业与爱情、个人与集体等方面的关系。依靠正确的导向,可以在学生中形成追求进步、关心集体的舆论,形成刻苦学习、勇于进取的良好的学风,形成遵守法律、讲究道德的文明环境。在管理方面,学生组织要依靠管理制度,配合教师和学校的管理干部,做好组织协调工作,提高管理效能。在服务方面,学生组织既要为学生服务,也要为学校服务。

加强学生组织建设,就要改进管理方法。方法是完成任务、实现目标所必不可少的手段,任何组织要实现管理目标,没有良好的方法,必然事倍功半。反之,管理方法得当,就会事半功倍。可见,采取好的管理方法,是提高效率的有效途径。学生组织的自我管理也不例外,一般来说,在学生组织自我管理中,制度管理法、榜样示范法、正面激励法、民主管理法等都是不可缺少的部分。

3.加强社会实践活动,完善学生的自我管理

加强社会实践活动,要做好教学过程中实践环节的自我管理。高校学生的根本任务是学习并通过学习提高自己的智力和能力,而教学过程中的实践活动正是学校为了使学生把所学到的知识运用于实践所安排的。作为学生,只有较扎实地掌握本专业的基础知识、基本理论和基本技能,才能称为合格的学生。所以,做好教学过程中的实践环节是学生自我管理的首要问题,每个学生都是根据自己专业的特点和实践的要求,自觉地参加实验、实习、考察和劳动等实践环节,并做到勤学习、勤动手、勤思考、勤总结,努力提高自己掌握和运用知识的能力。

加强社会实践活动,还要做好校内外的实践活动的自我管理。校内外实践活动是教学环节的开拓和延伸,也是充分发展学生自己爱好、特

点和长处的好途径。搞好校内外实践活动的自我管理有四点:一是根据自己的爱好和特长,组织或参加学校的社团活动,培养自己自主、自强的责任感,培养自己适应社会发展所需要的素质;二是积极组织并参加学校开展的各种竞赛活动,在活动中培养自己的参与意识、竞争意识和集体意识,锻炼自己的组织能力和社交能力;三是充分利用假期,开展社会调查和各种形式的社会服务,在参与中了解社会,坚定信念,促进自己的全面发展;四是完善管理制度和管理措施,克服松散管理和多重管理现象。

学生自我管理的途径和实现自我管理的方法很多,不论采取哪种途径和方法,管理效果都取决于社会、学校的关怀和支持,同时也取决于学生自身的努力和修养。高校学生只有在学校、家庭、社会的教育、管理指导下,树立崇高理想,加强道德修养,善于学习,勇于实践,坚持把个人理想同社会需要、把个人命运同祖国前途结合起来,自我管理才能卓有成效。

二、高校学生民主管理

大学生既是建立良好校园秩序的主体,也是建立良好校园秩序、达到培养人的目的的客体。建立良好的校园秩序目的是培养人,必须通过大学生内心的响应,通过自身的积极性和主动要求才有可能实现这一目的。

在社会主义国家,公民不仅是社会管理的对象,同时又是社会管理的主人。因此,我国的大学生在高等学校里,参与民主管理既是主体与客体统一的体现,又是我国大学的社会主义性质的体现。

(一)民主管理的概述

1.大学生民主管理

大学生民主管理是指根据社会主义民主的本质,运用社会主义民主的形式,充分调动并发挥大学生内在的积极因素和自主精神,在学校行政管理人员的领导下,组织大学生参与管理,达到培养德、智、体、美、劳全面发展的"四有"人才的目的。大学生参与民主管理具有社会主义的方向性,离开了社会主义的方向,管理就失去了目标,也失去了意义。大学生民主管理采用社会主义民主的形式,是民主集中制的民主,而不是无政府主义和极端民主化的民主。

大学生民主管理是高等学校大学生管理系统中的子系统,是大学生管理的一种形式,它的基本作用和形式是参与和监督。它在学校领导和老师的指导下,既可参与行政管理部门的管理,又可管理学生自己的事务。

2.大学生民主管理的必要性和可能性

校园秩序的一个重要的方面是大学生的学习和生活秩序,建立良好的校园秩序要靠学校的科学管理,但如果没有大学生的参与和管理,把建立良好的校园秩序只作为学校的事情,那么,良好的校园秩序就难以建立,所以调动大学生参与民主管理的积极性,是建立良好的校园秩序的需要。发动大学生参与民主管理不仅可以提高管理效能,而且可以在管理实践中提高他们的才干,这正符合培养目标自身的需要。

当代大学生自主意识较强,对被人管理往往持反感态度。但是实践证明,他们的"自主"往往带有很大的随意性,没有学校的严格管理和引导不利于他们的健康成长。当代大学生的参与感很强,愿意通过参与管理提高自己的才干和能力。因此,调动大学生参与民主管理的积极性,既是可能的,也是必要的。

3.大学生参与民主管理的意义

通过大学生参与民主管理,使大学生在实践中接受社会主义民主教育,培养大学生正确的政治观点、正确的社会主义民主意识和民主精神,对于培养社会主义一代新人,对于全社会政治上的安定团结都具有十分重要的意义。大学生参与民主管理,可以构建学校领导和学生之间的信息渠道,密切学校领导和广大学生的联系,有利于建立良好的师生关系;有利于学校领导及时了解学生的情况,改进工作作风;有利于政治上的安定团结,有利于培养一批有领导才干、有管理能力、有献身精神的积极分子,这对于党的建设和社会主义事业都有着重要的意义。

(二)民主管理的组织形式

1.学生民主管理的组织

大学生的组织包括共青团组织和学生会组织,就学生参与民主管理的目标和方法来说,二者都可以看成学生民主管理的组织形式。共青团是党的助手,是先进青年的群众性组织,学生会是大学生的群众组织,二者各自的目标和任务虽不尽相同,但就建立良好的校园秩序、培养社会主义建设人才的总目标来说,又是完全一致的。共青团组织和学生会组织都要在学校党组织和行政管理系统的领导下开展活动。无论哪一个组织都不是完全独立于学校党政领导之外的,所以都不能称为自我管理组织。班级组织和团支部组织是学校实行民主管理的最重要的基本组织,调动这些组织中的大学生民主管理的积极性,完善民主管理制度,对于建设良好的校园秩序,具有特别重要的意义。

2. 学生介入学校管理系统参与学生管理的形式

这是通过学生代表参加有关学生管理会议,反映学生的意见、要求等形式来实现的。如有的高校聘请学生代表出任行政领导干部的助理等,就属于这一种形式。

3. 专业性的学生民主管理组织

比如,有的学校建立学生宿舍管理委员会、伙食管理委员会、卫生管理委员会、治安保卫管理委员会、纪律管理委员会等,通过学生自己处理或协助学校处理问题,维持校园秩序。这些组织在行政管理部门的领导、协助和支持下组织起来并进行工作,但不能自行制定和学校的规章制度相抵触的管理制度。

(三)民主管理的原则

大学生参与民主管理必须遵循以下几项原则。

1. 导向的原则

民主管理的导向要坚持遵守法律、法规以及学校的纪律、条例,坚持党的教育方针,坚持正确的道德取向等。导向正确,不仅使民主管理不迷失方向,而且能培养学生守法、守纪的意识和习惯。

2. 自主和尊重的原则

民主管理要调动学生的积极性,就要充分发挥学生的自主精神,减少依赖性。要充分相信并支持他们自己做出的符合原则的决定,有了错误,也要尽可能启发学生自己去纠正,要避免伤害他们的自尊心。管理者的责任是加强领导并及时给予指导,尽量不要代替学生做出决定,要尽可能让学生站在管理的前台。

3. 启发的原则

有些在管理者看来是简单的事,大学生可能会争论不休,这是由于学生缺乏实践经验造成的。管理人员只能给予适当的启发,尽可能由学生自己去下结论,不要轻易代替学生做出选择或简单地下结论。

4. 充分讨论的原则

民主管理相比于指令性管理要复杂得多,反反复复地讨论,要花去很多时间,但只要是认真讨论,时间就不会白费。

5. 允许犯错误的原则

民主制度本身包含着产生错误的可能性,因为多数原则只服从多数,而真理有时在少数一边,要求学生在民主管理中一定不出错是不现实的,有时正是在错误中才学到了更多的东西,关键是出了错要勇于承担责任,勇于改正错误。管理干部要勇于承担责任,培养一种敢于承担责任的意识。

6. 民主程序的原则

实行民主管理一定要遵循民主管理的程序,只有严格遵守民主程序才能在实践中提高学生民主管理的积极性、民主精神及守法意识。

(四)民主管理的教育和引导

调动大学生民主管理的积极性,必须加强对大学生的教育和引导。具体有如下四点。

第一,实践少,存在不少糊涂观念。大学生参与民主管理如果缺乏社会主义民主理论的教育,就有可能走偏方向。

第二,要加强民主管理中的责任意识教育。参与学校民主管理不仅仅是尽义务,而且也是大学生的权利。无论是履行自己的义务还是行使自己的权利,都离不开正确的责任意识,尽义务是一种责任,行使权利也有责任,而这种责任的目标取向就是学校对学生的培养目标。责任意识的强弱和民主管理的效能形成正比。

第三,在管理实践中帮助学生干部树立良好的作风。要培养学生干部密切联系群众的民主作风,批评与自我批评的作风,谦虚谨慎、戒骄戒躁的作风以及勤俭节约、艰苦奋斗的作风。管理干部自身的良好作风也将对学生产生潜移默化的教育作用。

第四,支持和帮助学生参与民主管理工作。对参与民主管理的学生,在强调为人民服务的前提下,要根据其不同的职责,给予不同的物质和精神支持。必须重视对他们的个别教育帮助,既要以诚恳、热情、耐心的态度帮助他们解决生活、学习、工作中的具体问题,帮助他们总结工作中的经验教训,也要帮助他们解决工作中的思想和认识问题;要和他们建立良好的友谊、密切的关系和深厚的感情,要把培养爱护学生干部和培养党的积极分子统一起来。

(五)民主管理的应有作用

第一,培养学生的责任意识、纪律意识和法律意识。很多学校用发动全校学生民主讨论的方法来修订管理制度,并将讨论修订的条文提交全校学生或学生代表大会投票表决,然后由校长批准施行。讨论的过程就是一个学习和教育的过程,凡是讨论认真的,也往往是准备认真执行的,因此,也就培养了责任意识、纪律意识和法制意识。

第二,培养学生的自律精神。把学生的积极主动精神调动起来,在日常的生活和学习中参与管理,不仅可以加强和改善管理,而且可以培养学生的自律精神。

第三,培养学生公平诚实的精神。一个学习阶段完成,有大量的工作要做,比如评定奖学金、评选优秀学生和学生干部、进行毕业鉴定等。这些都可以发动学生民主讨论,培养学生的公平诚实精神。

第四,培养学生社会主义民主意识和民主精神。在强调坚持四项基本原则的前提下,对学生组织的活动应尽量放手,让学生自己去组织活动,严格按民主程序去处理日常工作。

第三章　高校学生多元管理模式

第一节　高校学生人格化管理模式

一、人格化管理模式的内涵

所谓人格化管理就是在管理过程中充分关注人性要素、以充分挖掘人的潜能为己任的管理模式。

人格化管理是一种"以人为本"的管理方法,就是从管理的指导思想到具体的管理原则和方法,都是从人出发、以人为核心的管理。它的实质在于充分尊重和理解被管理者的个性和创造才能,充分调动他们的主动性、积极性和创造性,并使其更好地投入工作,更有效地实现组织目的。其具体内容可以包含很多要素,如对人的尊重、充分的激励、给人提供各种成长与发展的机会。

同一所大学的学生往往有着一定的共性。例如,清华大学的学生务实严谨、北京大学的学生浪漫民主。很多大学的学生因其大学的底蕴等方面的不同,形成了不同的"学校人格化"。同一班的学生也会有一定的共性,呈现出各个班级不同的风貌,形成不同的"班级人格化"。这种状况也出现在大学公寓里,形成"公寓人格化"。大学校园还存在其他很多方面的人格化,这些"人格"都是从心理学角度定义的,指的是这一类人的内涵。这一系列的人格化与学生能否顺利步入社会,积极参与竞争,收获事业、生活得成功有很大关系。

二、学校人格化管理的实施内容

学校人格化管理工作要从以下几个方面实施:第一,强化规章制度的管理。第二,确保良好的学习环境和学习氛围。第三,形成良好的精神风貌。

学校人格化管理属于学生管理的高级层面,掌握着整体的动态,起着统筹、规划、指导的宏观作用。这类管理要从领导层面出发,在学校的基础设施、师资力量、学术建设等方面投入更多的人力、物力、财力,制订相关的工作计划,树立长远目标。要务实求真,不可急功近利、只图表面功夫①。

三、班级和公寓人格化管理的实施

班级、公寓作为学校管理的基层单位,起着非常重要的基础作用。基层人格化的实现要从以下三个方面努力。

(一)个别学生发挥人格力量

在一个班级中,总会有在领导方面有突出能力的学生,这些学生的人格力量影响着班级人格化。个别学生人格力量的发挥会引导、带动其他学生,对班级人格化起到调动作用。但个别学生的人格力量又有积极、消极之分,积极的人格力量会对班级和其他学生起积极作用;反之,会带来消极的影响。因此,学生人格力量的发挥需要辅导员的有效管控,辅导员要把握尺度,引导、鼓励积极人格力量的传播,化解消极人格带来的不良影响。

(二)教育工作者发挥人格魅力

对于学生尤其是新生而言,教师、辅导员等教育工作者代表了权威,在他们心中形成了一种特殊的地位。学生对他们崇拜的教师、辅导员会特别尊敬并存在模仿的现象。辅导员是班级人格化管理的组织者、策划者、调控者和实施者,教师是管理最主要的辅助者。这两者在班级人格化管理中发挥着重要作用。因此,辅导员要有良好的工作态度、生活态度和办事作风,以便更好地感染学生;教师要有严谨的治学态度,帮助学生树立良好的学习态度和工作态度。教师和辅导员要给学生树立榜样,促使班级人格化向良好的方向发展。

(三)公寓人格化管理注重细节

辅导员要选那些热心、负责任、宽容大度、积极为同学办事的学生担

---

① 刘晓华,夏绍兵.以人为本的高校学生管理模式探究[J].武汉船舶职业技术学院学报,2021,20(4):38-40.

任寝室长,用他们的能力管理寝室,用他们的行动感染寝室的其他学生。还要建立良好的寝室环境,形成和谐的舍友关系,创建多彩的公寓文化等。公寓人格化的形成为其他方面的人格化奠定基础,为学生的生活创造良好环境。

第二节 高校学生社区化管理模式

一、高校学生社区化管理产生的背景及科学内涵

(一)高校学生社区化管理产生的背景

1.适应学生群体特征

加强和深化高校思想政治工作,需要一种更切合实际、具有实效的教育管理新模式。高校学生思想政治工作者必须根据变化的情况,及时调整工作思路,做出应对之策。面对高等教育的日趋现代化和国际化,特别是教育教学改革的不断深化和高校改革向纵深发展的新形势,高校学生社区化管理如何坚持社会主义办学方向,如何坚持"教"的宗旨不动摇,是一个值得认真研究和探索的重大实践课题。很多高校在开展党建与思想政治工作以及日常教育管理工作方面,与时俱进,不断创新,探索出了一条符合形势发展要求和高校实际的学生教育管理新路子,即高校学生社区化管理。高校学生社区化管理是加强和深化新时期高校学生思想政治工作的需要。

2.教育管理的新模式

为了克服高校持续扩招带来的后勤设施不足的困难,我国高校参考国外发达国家高校后勤社会化的管理体制,或引进社会资金,或集资联建,或贷款与集资相结合,大力兴建学生公寓,并推行了后勤社会化管理,较稳定、快速地解决了学生的住宿、餐饮、娱乐等一系列学习、生活、文化活动设施存在的经费短缺的问题。但后勤社会化同时也带来了高校管理的"二元化"问题,即对学生的学习实行的是与西方高校不同的传统教学行政管理,而对学生的生活却推行了类似西方大学的社会化管

理,教学计划行政管理与社会化管理事实上存在着"两个体系"。高校学生工作面临的挑战是怎样将"行政管理"与"社会化管理"两个体系合二为一,从而达到对学生人格教育的统一。在这种新情况下,高校实行社区化管理势在必行。

3.改革传统管理模式

面对高等教育的改革和发展的现实情况,尤其是高校学分制改革的逐步深化,传统的班级概念趋于淡化,以班级为思想政治教育的基本组织形式和主要工作渠道的情况正在改变,社区日益成为学生学习、生活的重要场所。同时,随着高校后勤服务社会化步伐的加快,学生社区的环境氛围、社区的文化设施和社区管理服务的质量如何以及社区管理模式怎样,这些都是对传统的高校学生工作提出的新问题。因此,高校社区化管理被提上了议事日程。高校学生社区化管理是适应高等教育改革与发展的时代要求的。

(二)高校学生社区的科学内涵

随着我国高校改革的进一步深入,以寝室为单位的学生社区的地位日益突出。学生社区是社区概念在学校管理中的反映,学生社区是大学生在校学习、生活、休息的基本活动场所。社会学研究表明,社区是一种地域上的存在,同时它的实质是人的聚居与互动。就第一层意思而言,社区的特点是居民的共同居住;第二层意思表明社区具有文化功能。学生社区也是一个社区,就一所高校而言,它指这所高校的所有寝室和周边环境(学生公寓)以及这种环境所能达到的最大的育人功能。

与社区概念相对应,学生社区这一概念也包含两个内容:一个是指区域环境,另一个是指文化功能。就区域环境而言,一方面,学生社区是校园的区域组成之一,是校园内的地理分区,是学生的居住区。另一方面,学生社区也是学校的一个重要管理区。从社会组成结构来讲,它是组成学校管理的结构之一,学校与社区存在某种程度上的隶属关系。不过,在完全学分制实施的背景下,学生群体间专业、班级甚至年级的界线日益模糊,作为学生的居住区,其地位也应随之上升,来满足学生以居民身份与学校以及相关社会机构进行实质性对话的要求。文化功能更多地表现为社区人文环境与居民生活的相生相融,成为社区居民接受文化教育的主要阵地。学生社区在文化功能上还要承担更多的责任,要确保"文化为了教育,教育为了学生",具有更加鲜明的目标和内容指向。

(三)国内高校学生社区的分类

从现存的全国各地学生社区的现状来看,学生社区的管理模式主要有三类。

1.跨省(市)的大学城社区

这类学生社区的特点是规模大,入区的学校多。从入区大学所在的省(市)来划分,既包括大学城所在地的大学,也包括外省(市)的大学;从入区大学的性质来划分,既包括理工大学,也包括综合性大学和专门大学;从入区的学校层次来划分,既包括研究型的本科大学,也包括专科学校和职业技术学院。这类大学城社区的管理体系有待加强。

2.同省(市)的大学城社区

这类大学城社区的特点是规模较大,入区的高校多的有数十所,少的也有几所到十几所,入区的大学属于木省(市)的大学。例如,杭州的下沙大学城,入住的有浙江财经大学、浙江工商大学、杭州师范大学、中国计量大学、浙江水利水电学院、杭州电子科技大学、浙江理工大学、浙江传媒学院、杭州职业技术学院等15所高校。上海市的松江大学城,入住的有上海视觉艺术学院、东华大学、上海外国语大学、上海工程技术大学、上海对外经贸大学、华东政法大学以及上海立信会计金融学院7所高校。广州市的广州大学城有中山大学、华南理工大学、华南师范大学、广东工业大学、广州美术学院、星海音乐学院、广州大学、广州外语外贸大学、广州中医药大学以及广东药科大学等十余所高校。南京市的仙林大学城有南京大学、南京师范大学、南京中医药大学、南京财经大学、南京邮电大学以及南京森林警察学院等十余所学校。武汉市的黄家湖大学城也是一个规划占地约50平方千米、规模达到20万学生的大学城[①]。

3.学生公寓式社区

由一所具有一定规模的大学构建的学生社区的特点是,在原学生公寓区的基础上,进行管理模式上的改革,即对原有计划经济条件下的学生公寓式管理模式实行社会化改革,实现社区式管理;随着学校规模的

---

①陈晓萍.广东高校学生社区管理模式研究[D].广州:华南农业大学,2017:9-12.

扩大,对新建的学生公寓实行社区化的管理。这类由单个学校构成的公寓式学生社区在全国也有不少。以浙江省为例,绍兴文理学院、湖州师范学院、湖州职业技术学院等都拥有学生公寓式社区。

二、高校学生社区化管理的现状

(一)高校学生社区化管理面临的机遇和挑战

全面实施学生社区化管理已经迈出了我国高校学生思想政治工作中具有代表意义的一步。在国内,各高校先后进行了各种形式的理论研讨和实践探索,解决了部分理论和操作问题。但是,全国高校地域分布广、地域和办学特色不一、教育环境和教育条件参差不齐等因素决定了任何一种管理模式的完善都要经历一定的过程。社区化管理在实践探索过程中仍存在许多具体挑战,表现在以下几个方面。

第一,内部机构关系和运作方式尚欠科学和完善。构建并处理好教育、教学、招生就业三大平台之间的关系,需要进一步处理好教学管理与教育管理、社会化服务管理与教育教学管理之间的关系,科学分析和分配学生教育管理平台内部机构间的权重等。

第二,对实施学生社区化管理后续问题的重视程度和研究不够,前瞻性理论探索较少。例如,对随着改革的进一步深化,政治、经济、社会、文化、教育等诸多方面将会出现许多新的变化,学生社区化管理如何适应这些变化等问题都缺乏研究。

第三,亟须提升学生社区的价值,使学生社区在学校机构设置运行体制、社会效益、育人过程中体现出更大的效度和影响力。

第四,跨省(市)大学城和同省(市)多所大学集聚的大学城,存在着学生社区管理不统一的问题,可能导致一些不稳定因素从管理的薄弱环节滋生,成为影响全局稳定的因素。

(二)高校学生社区化管理实践

高校学生社区化管理主要就是对学生的管理服务和教育引导,是一种微观层面上的内部管理,当然也包括人力资源、财务、物资和信息的管理。

管理对象主要是高校学生。学生既是受教育者,又是居民和消费者,具有社会人的某种特征,但又与社会人有着明显差异。他们是一群身心发展水平相近的青年,具有强烈的互动性和有别于其他社会群体的生活方式;他们有相对一致的作息时间,他们的行为活动基本同步,上课、社会实践、业余生活等基本都是集体活动,具有一定的目的性、组织性、程序性。他们虽然院系和专业存在不同,个性也存在一定差异,但是总体上都是基于学校统一规章制度的要求,整体活动都是有一定的规律性和可控性的。因此,学生社区化管理也是基于此进行的,自然也就有规律可循。

在管理主体和内容上,学生社区化管理的内容主要有学生管理、后勤服务管理和学生自治管理。实施这三项管理工作的主体主要是学校的相关部门。学生管理工作主要是由学校党建思想政治工作队伍负责对学生进行思想政治教育,开展文体活动、读书学习、规范意识等管理和教育;后勤服务管理工作主要是由后勤一线管理服务人员负责安全保卫、后勤服务、物业设施设备等管理;学生自治管理工作主要是学生组织和学生自身在学校相关部门的指导下,自发开展一系列的自我管理、自我服务和自我教育的自治工作和活动。

1.单一院校学生社区化管理模式

在这类学生社区化管理中,学生来源单一,规模相对较小,管理容易到位。因此,随着社区党总支、支部、学生党员接待室、社区团组织、社区学生会、心理咨询室等的构建,从学校党委行政到社区学生寝室的完整管理体系就形成了,使各类社区管理中容易发生的问题能得到及时、有效地解决。这类管理模式总的来说比较成功。

2.跨省(市)与同省(市)学生社区化管理模式

这类学生社区化管理的特点为社区规模大、学生人数多、基础设施可以得到有效利用,在生活管理上可以取得相应的效益。同时,由于学生人数多、涉及的学校多,管理上也容易出现漏洞。出现这种管理的漏洞的原因主要是寝室管理的不规范,或者教学设施使用上的混乱。事实上,一个大学城在学生寝室的管理上是完全可以统一规范的,其教学设施也可以更好地得到利用。这里的管理漏洞,往往更多的是由各个地区、各所学校对学生管理要求的不一致、不统一导致的。有的学校管得严,有的学校管得相对松,这一严一松中,就可能出现管理信息上的不完整,问题就可能从薄弱部分反映出来。

教育部颁布实施的《普通高等学校学生管理规定》中第四十三条规定,"任何组织和个人不得在学校进行宗教活动",各高校都应当坚决执行。如何将这一规定严格认真执行则是一个管理工作者需要研究的问题。因为过去个别高校曾经出现过非法传播宗教的活动,而且这些活动往往是秘密进行的。如果我们的学生社区化管理不到位,这种非法开展的宗教活动就可以从管理薄弱的学生社区入手,待时机成熟之后,再扩大规模。如果那时我们再来制止,就会花上更大的力气。从管理学上说,制止的成本就会更大;从政治学上说,就会产生不良的政治影响。因此,这类学生在社区化管理上需要解决的问题是如何在发挥规模效益的同时,避免由不同省(市)、不同高校在学生管理制度上的非一致性而产生的薄弱环节。

三、高校学生社区化管理的对策和成效

(一)高校学生社区化管理的对策

1.完善运行体系,优化体制机制

机制是不可或缺的"软件",建设学生社区需要完善三大机制,即学生社区的运行机制、学生社区的志愿者参与机制和学生社区的内部激励机制。学生社区的运行机制是学生社区得以正常运转的前提。运用学生社区公共设施和相关权力,以满足服务需求为目标,不断提高服务质量,保持服务的功能成本,长期维持服务的再生产。这种周期性的进程状态是学生社区的运行机制。这一机制本身说明学生社区组织的非营利性,或者说非营利性是学生社区行为的特征之一,是学生社区自我服务、自我调节功能的体现。不断地实现这一机制良性运转的关键是服务质量,服务质量同样也是确立学生社区形象的基础,是学生社区存在必要性的证明。

学生社区的志愿者参与机制解决的是培育学生社区人文生态环境的深层次社会文化问题。在西方发达国家,社区的志愿行为是社区存在的基石。在学生社区中建立一支具备一定数量和质量的志愿者队伍不仅是一种管理现象,更是一种文化现象。事实上,志愿者本身是社区意识的内在有机组成部分,是社区成员积极参与社区事务的显性表现。在学

生社区,志愿行为是建立一个"以人为本、文明互助、共同参与"的和谐学生社区的重要途径。

2.借鉴国内外经验,强化实践创新

传统的学生工作观念一直轻视寝室的育人功能,将寝室当作完全的物化性存在,因而在实际工作中只重视学生对生活环境的维护与保持,没有自觉地发挥学生寝室作为学校育人工作环境之一的应有作用。同时,由于工作视角单纯停留于单个寝室,而未能将以寝室为单位组成的学生社区纳入视野,我们也很少注意学生社区育人功能的发挥。学生社区不仅有区域概念,同时也具有育人功能。然而对于这一功能的隐性特征,我们未能准确地把握。以上种种观念、观点的误区导致我们未能认真地思考学生社区的作用,自然不会进一步去考虑如何建设好学生社区了。

在高校,学生的专业教育一般由各个院系来完成,学生的思想政治工作由学校和院系学生工作机构来完成,学生的物质生活需求由后勤部门来满足。而对学生进行未来生活训练,把他们培养成遵守社区规范、具备相应社区意识的文明公民的教育任务却没有一个成形的组织来承担,这无疑是高等教育的一个疏漏。从这个角度讲,建立学生社区、完善学生社区管理是完善高校育人职能、优化高校育人环境的必要举措,是当前高校学生工作迫切需要解决的问题之一。只有意识到了这一点,自觉地将学生社区建设纳入学生管理工作,并给予其应有的地位,学生社区培养社区现代公民的育人功能才有实现的可能。因此,加强理论建设和创新一定要贯彻开放办教育的理念,不断增强学习意识与开放观念。高校学生社区化管理需要改革者的开放观念和博大胸怀,通过不断比较发现差距,促使在社区化管理的过程中自觉主动地探索理论,积极准备改革所需的条件,提倡各高校之间的交流与合作、互促互进,在实践中不断积累宝贵经验,夯实理论基础,加强实践创新,为高校学生社区化管理向纵深发展而共同努力。

3.调整和平衡"管"与"教"的关系

学生社区建设是一项系统工程,必然需要对原有学生社区管理结构进行调整,科学处理教育和管理的权责关系。第一,必须结合高校实际对原有学生工作进行结构性调整,并建立健全相应的规章制度;第二,要

从根本上解决这些问题,还需要处理好管理载体、教育平台、育人方式等全方位的问题,头绪纷繁芜杂,加之无成型的经验可借鉴,解决问题的难度还较大。但以结构调整为切入点,是一个比较可行的思路,具体实施过程需要处理好以下几个关系。

(1)处理好学工部门、团委与学生社区管理委员会的关系

高校学生社区管理委员会(以下简称"学生社区管委会")是学工部的职能部门之一,是学生社区管理中最具有实权的管理层次,尤其在实现学生社区的维权功能方面,其作用更加明显。学生社区主要通过学生社区管委会实现与相关部门的平等对话,解决实际问题。团委介入生活区管理,主要体现在对生活区成员的思想教育与严格管理方面。各学院的学生工作办公室的主要负责人一般也是学院的团总支书记,因而共青团这条线的介入有利于加速形成一支由各院(系)团总支专职干部、各学生辅导员组成的公寓思想教育、纪律管理、寝室内务管理的队伍,有利于各项活动的协调,保证公寓后勤管理的顺利开展。同时,团委是学生思想政治工作与校园文化工作的主角之一,团组织又直接指导各级学生会组织,有利于将寝室文化活动纳入整个校园文化建设去综合考虑,从而引导寝室文化向高层次发展。

(2)制定制度和机构设置要同步

为了学生社区工作的顺利开展,制定诸如《学生社区居民公约》《学生寝室管理条例》《学生社区安全保卫制度》《干部教师联系学生社区制度》等相关制度是必需的。但从目前学生工作的状态来看,能否保障学生社区管委会具有相应的生活区管理权利,能否保障学生作为生活区居民与学校、后勤等部门具有平等对话的权利以及能否保障学生通过民主渠道参与生活区乃至学校相关事务,是影响学生社区生命力的决定性因素。

(3)根据学生社区职能,设立相应的管理机构

学生社区管理支委设学生社区区长1名、副区长1名、志愿者队长1名,也可根据实际情况适当增加管理人员的数量,从而形成学生社区区长、志愿者队长、楼长、寝室长为主的学生社区管理基层机构。校院级学生社区管理机构可在原有学生寝室管理机构(如寝管会)的基础上合理

增加或加强学生社区的相应职能(如学生权利维护等)。这种管理方式并未对原有的学生管理结构做大幅度的调整,从而使其更具有现实的可行性。

(二)高校学生社区化管理取得的成效

实践表明,实施学生社区化管理不但可以较好地应对高校后勤社会化改革与教育教学改革给高校学生教育管理带来的新机遇、新挑战、新任务和新问题,而且使学生党建与思想政治工作的着力点更明确,体系更完善,育人机制更加健全,对学生的教育管理成效也更明显。其主要作用表现在以下几点。

1. 有利于优化服务和育人环境

在以社区党总支为核心的管理体系中,综合利用好各种服务机构,加强统一指导,能为学生的成才提供一个更加完整、科学、有序的体系和空间,使社区的管理和服务更加快捷、完备。社区化管理可以科学整合各种资源,增强教育管理合力,在社区管理体制下诞生各种健全、富有活力的社团组织,为社区创造丰富多彩的科技文化氛围,为学生素质的拓展提供更加立体的空间,对学生个体知识结构的完善、个性的培养和素质的拓展发挥了积极作用。从管理和经营角度提出社区的统一管理思想和教育理念,为学生的成才和教育机构的育人提供了更加优化的内外环境,能够有效保证高校教育管理质量和学生素质的稳步提高。

2. 有利于优化管理和育人效果

社区化管理营造出了以人文素质、健康成才教育等为主要内容的德育氛围。在这个氛围中,学生真正成为学校服务的对象和主体,所以学校自始至终坚持把学生的成才放在第一位。如果要在整个教育过程中真正地贯穿这一主旨,就必须为学生的成长与发展提供良好的物质条件,在此基础上创造良好的"求知、求真"的学术氛围,营造出一种以人文素质、健康成才教育等为主要内容的道德文化育人氛围,给予学生一种积极的引导,使学生在良性的德育氛围的感染熏陶下主动去锻炼、提高自己,最终培养学生良好的生存适应能力。

3. 有利于促进交流和情感联系

近几年出现的一些学生与学校间的法律纠纷一度成为整个社会关心

的热点问题。专家指出出现这些问题的一个很重要的原因是学生与学校之间缺乏必要的、平等的交流与沟通,因而引发了学生、家长、社会与学校之间的诸多矛盾。而社区化管理改变了师生以前对社区化管理改革的消极认识及评价。思想政治人员和学生社区中的党团组织机构与心理咨询机构的工作,缩短了学生与组织间的空间距离和心理距离,进一步体现出思想政治教育应具备亲和力与感染力的特点,师生之间、学生与组织之间、学生与学校之间的关系也更加自然和谐。

四、高校学生社区化管理的发展方向

(一)转变工作思路,树立"以人为本"理念

随着高校教育教学改革的深入,学生管理工作也应与时俱进、转变思路树立"以人为本"的教育理念,做到教育和引导相结合、教育和管理相结合、管理和服务相结合。

第一,树立服务意识。学生管理部门要放下架子,迈开腿,走近学生,了解学生,从学生的实际出发,关心学生,服务学生,要始终坚持"以人为本"的服务意识和理念。传统的学生管理对学生进行的是严格的规范约束,学生管理部门只扮演管理者的角色,学生只能处于从属或被动的支配地位。这种管理模式忽视了对学生的引导和教育,使学生管理工作"狭隘化",不利于学生自主性、主动性的发挥。

第二,维护学生权利。根据"依法治校"的要求,在校学生有维护自身权益的权利,当然也有应尽的义务。我们在推进管理的同时,要维护学生的合法权益,在程序正当、依据明确、证据充足的前提下处理学生事件,也要保障学生享有陈述、申辩和申诉权。学校和学生都必须以法律或法规为准则,不能超越法律开展教育和学习活动。

第三,强化学生自治。学生工作者在对学生进行教育管理的同时,也应平等地对待学生,并且要处理好学生和管理者的关系。学生管理工作,要由"学生工作处直接领导、以辅导员为中心"的学生管理方式,向"以学生工作处为指导,辅导员入驻学生公寓,拓展延伸到生活区,强调学生自治为主"的学生管理方式转变。学生管理工作要使学生认识到自己不仅是被管理者,还是管理者,从而有力地提高学生自我管理、自我服务、自我教育的积极性。

(二)结合高校发展,弘扬和培育大学精神

大学精神是高校发展的重要精神动力。大学精神的本质是创造精神、批判精神和社会关怀精神。弘扬和培育大学精神要求我们做到以下三点:一是要保证大学自身的根本生命力。大学作为人才培养的基地,创造性是其核心特质。在强化学生专业知识学习的同时,更要训练学生谨慎的思考态度、谦恭的行为、参与管理的能力,让学生在参与管理和服务中,挖掘潜力、勇于创新、大胆尝试,全面提升综合素质。二是要拥有海纳百川的博大胸怀。高校的发展无不是在继承传统的基础上,接纳新思想,包容新观念,鼓励新思路的过程。学生也要在这种精神的引领下,融入母校的发展,通过建立各类学生自治组织,参与到学校发展方针和战略的制定和谋划中,积极从学校主人的角度提出自己的意见和建议。三是要保证对社会精神文明的参与和建设。在当今社会,关注现实、服务社会成为高校的第三职能。学生通过校园文化的教育、引导和熏陶,在慢慢接触社会的过程中,锻炼了自己的社会实践能力,提高了自己的社会认知度,增强了自己参与社会管理和服务的本领,逐步形成了自己对社会的关怀和关爱意识,具有了社会关怀精神。

(三)拓展工作重心,优化学生管理工作机制

当前,随着我国高校学分制的推广和后勤社会化的逐步深入,传统的班级、年级、系和专业的概念逐渐淡化,很多高校开始尝试让不同专业和年级的学生混住在一起,宿舍已成为学生比较固定的学习和活动场所。从时间上说,学生待在宿舍里的时间一般要多于课堂时间,宿舍的整体氛围对学生的世界观、人生观和价值观的形成影响非常大;从空间上说,宿舍不再仅仅是学生休息和生活的场所,同时还是他们学会做人、学会相处以及获取信息的地方。因此,学生宿舍实际上已经成为课堂的延续,应该适时将学生工作重心向学生社区拓展、延伸,实现教学性事务和非教学性事务的分离。高校思政工作者也要仔细研究学生社区管理和教育,发挥其育人功能,努力打造具有我国高校学生工作管理特色的学生社区。

(四)强化服务功能,满足学生成长发展需求

高校教育工作者要学会一分为二地看学生工作中出现的各类问题,

分析问题的根源,正确判断责任方,要做到具体问题具体分析、具体处理,避免盲目。要树立服务意识,增强服务观念,加强服务性管理、教育和引导,减少指令性管理。要牢牢把握学校的各项工作都是为学生服务的,都是为学生提供一切便利的条件以及满足成长成才需求的。学校学生工作部门、教育教学部门以及后勤管理服务部门要从学生的实际出发,配备各类服务教育教学和学生全面发展的设施设备,制定相关保障措施,合理安排人员,切实做好后勤服务保障工作。

(五)完善管理制度,拓宽科学化的管理渠道

学校在推进学生社区工作的过程中,要充分听取学生的意见和建议,把尊重学生放在第一位。学校要在总结管理经验的基础上,建立一套规范化、制度化、科学化的管理制度。第一,管理制度在充分考虑权威性和连续性的同时,要做到赏罚分明,奖励好的、进步的行为,处罚违反规定的行为。第二,要注重制度的"柔性"作用,适当兼顾制度的引导性和弹性。针对不同岗位,编写具体工作岗位操作规范手册,规定与岗位相符的知识、能力和技能要求。学生工作者上岗前要进行岗前培训,上岗后也要适时进行再教育和再培训。同时,要学会应用先进的科技和网络管理技术,推行网格化社区管理模式,提高学生社区化管理工作的效率。

(六)确保管理成效,提高学生工作的专业化水平

为了有效提升高校学生管理工作水平,更好地服务于教育教学、服务于学生成长成才,学生工作的专业化研究势在必行。第一,要推进高校学科改革,通过设立专门的学生管理专业或研究方向,培养符合国内高校实际需要的学生管理人才,提高当前学生工作的理论水平、专业技能水平和专业素质。第二,要成立全国范围的学生工作组织协会或研究型机构,为全国高校学生管理工作者搭建交流工作、学习借鉴和互助的平台。第三,要出台行业道德行为规范和工作指导手册,确保学生工作者有具体的从业基本标准、评价依据和职业操守。第四,要积极开展校本学生工作管理研究,从本校的实际出发,摸索和研究具有本校特色的学生管理工作思路。

(七)转变工作方式,贴近学生实际开展工作

在衡量一所高校学生工作水平的高低时,是否针对每名学生特点进行个性化指导和帮助就是重要指标之一。不同的学生具有不同的个性特征,学生工作就要求贴近学生实际、有的放矢,否则成效甚微。以咨询服务工作为例,西方高校十分重视咨询服务工作,他们通过专业化咨询和跟进指导,解决了大量学生在学习、生活、就业、心理等方面的难题。20世纪50年代初,日本高校就有了咨询服务机构,美国高校也有学生咨询机构,一般叫咨询部或学习中心。

高校一般都设立了专门的咨询工作机构,咨询内容涉及范围广,包含了学业辅导、生活指导、心理疏导、行为能力引导、勤工助学指导等,并已形成了相应的科学理论、有效的工作思路。我国高校学生咨询服务工作的系统推进相对较晚,力量还比较薄弱,需要及时转变方式,让咨询服务机构进驻学生社区,贴近学生实际开展工作。同时,要加强咨询服务的宣传和推广工作,鼓励学生敞开心扉,不回避、不拒绝,敢于进行个性化的咨询,使问题及时得到解决,以免影响学业。

(八)构建和谐校园,引导学生全面健康发展

在国外高校,学生管理工作以学生个人及其事务为关注点,学生活动基本在校园内,有时也会延伸到校外社区。此时的学生管理工作也随之扩展到了校外,在与社区、社会机构、政府等接触、广泛交流与合作的过程中,学生不但提高了工作水平,而且也拓展了工作视野。因此,无论是在国外高校,还是在中国高校,从事学生管理的工作者,都要充分认识到自己既是管理者和服务者,又是教育者和研究者。我们的工作就是营造一个积极、健康、和谐的学习和生活环境,为学生全面健康成长成才服务。

第三节　高校学生公寓管理模式

高校学生公寓是学生日常生活与学习的重要场所,是培养和锻炼学生自我管理、自我教育、自我服务、自我监督能力,有效开展学生的思想

教育工作的重要阵地。因此,学生公寓的管理是高校管理中的重要组成部分,是观察学校整体管理水平的一个窗口,务必高度重视。

一、高校学生公寓的地位和作用

(一)高校学生公寓在学生生活中的地位

学生公寓是学生日常活动的主要场所,在大学生活中具有重要地位。高校扩招后,办学资源改善步伐相对滞后,教室、阅览室比较紧张,其他文化、体育、娱乐活动相对不足,学生的课余时间很大一部分是在学生公寓度过的。

学生公寓的设施是否完备、安全,环境是否整洁优雅、舒适,服务是否周到,生活氛围是否和谐,社区文化活动是否丰富多彩,管理是否科学、规范等,将直接关系到学生日常生活质量的高低,影响学生生理、心理能否健康成长和良好行为习惯能否养成。因此,加强公寓建设对学生的日常生活至关重要。

(二)学生公寓在学生管理中的重要作用

1.学生公寓是展示校风、学风建设的窗口

一所高校的校风、学风如何,不仅反映在教室、图书馆、实验室里,同时也反映在学生公寓里。因为学生的学习态度、劳动观念、组织纪律观念、集体观念在许多情况下都反映在占他生活时间三分之一以上的寝室里面。正因为如此,学校要协调学生思想教育与管理、后勤服务、安全保卫等各方面的力量,积极探索学生公寓中学校教育、管理、服务工作的结合点,加强学生公寓的管理服务和思想疏导工作,既为学生创造一个宁静有序、文明清洁的环境,也是消除学生因受其他不良影响而产生的抵触情绪的一项有力措施。

针对此特点,公寓管理必须从管理育人、服务育人出发,努力挖掘潜力,积极改善住宿生活条件,把学生视为服务的对象,让学生得到应有的尊重和关心。这是维护学校稳定的重要举措,也是创建良好校风、学风的前提,对学生的全面发展、成长成才十分关键。

2.学生公寓是思想教育和科学管理的镜子

学生公寓作为学生在校生活的集中场所,在学生的基本道德修养、学

校的教育培养目标完成方面起着重要的作用。学生在公寓中的表现,往往与社会对人才培养的要求,与学校教育管理目标相联系。就当前学生的精神与学习生活而言,主要存在以下倾向。

第一,学生在自我意识、个人价值观念方面,比较注重追求与大学教育层次相适应的知识结构和文化娱乐,而忽视从社会的需要角度出发来完善自己。

第二,学生对一些水平高、影响大的活动感兴趣,也喜欢对一些深层次的社会现象、个人价值观念进行探讨,但却忽视个人劳动观念、清洁卫生习惯的养成和自我教育、自我管理、自我服务意识的培养。

第三,在公寓建设中,学生比较注重为自己营造一个安乐窝,而不能与整个公寓的管理保持协调一致。

第四,在公寓人际关系方面,学生注重自我个性的发展完善,而忽视将自己作为公寓的一分子加以完善和提高。

第五,同学之间交往密切,言谈举止不拘小节,学校的一些管理规章制度在公寓成员的相互默认中得不到严格的贯彻执行。甚至有些消极的现象,如学习风气淡薄、组织纪律涣散、轻视劳动、不服从管理、挖苦先进、标榜落后等,也时有发生。

因此,学生公寓是培养学生良好的道德行为规范,实现其德、智、体、美、劳全面发展和实施学校教育科学管理目标的一个结合点。通过学生公寓这个点,学校可以把深入细致的思想政治工作与严格的科学管理有机地结合起来,深入实际地了解学生的所想、所感、所为,真正地把握学生的思想动向①。

3.学生公寓引导学生人生观和价值观的树立

学生公寓不只是单纯意义上的休息场所,而是一个重要的育人园地。来自不同地区、有着不同家庭背景和生活习惯的学生构成了公寓的人文环境,这是学生情感和思想比较自然、真实流露的地方。学生在公寓里交往,必将对各自的思想情感产生影响。在他们的交往中,或探讨人生、憧憬未来,或交流学习谈古论今,必会有各式各样的社会思潮、信息观点等方面的交汇,并由此产生互动影响。所以,必须正确地把握学生公寓

---

① 康小强.创建自主管理社区:民办高校学生公寓管理初探[D].武汉:华中师范大学,2015:17-21.

里的思想动态,及时地给予正确的启迪和引导,并通过多种方式和渠道,积极开展教育活动,引导学生明确方向、明辨是非,树立科学的世界观、人生观和价值观。

二、高校学生公寓管理的内容与方法

(一)高校学生公寓管理的内容

高校学生公寓管理具有服务、管理、育人三个主要功能。从公寓管理的功能就可以明白学生公寓管理应包括公寓内务及卫生管理、公寓区的治安管理、公寓纪律与秩序管理、公寓设施管理、公寓水电气管理、公寓电视及网络管理等方面的内容。

(二)高校学生公寓管理的方法

良好的公寓环境是高校实施学生素质教育,促进学生德、智、体、美、劳全面发展的物质保障。科学合理的规章制度会对学生起到良好的导向、规范、协调和激励作用。因此,对学生公寓实施科学有效的管理十分重要。就目前而言,学生公寓管理大致有以下几种方法。

1.行政方法

行政方法是学校根据学生公寓管理工作的需要,设立专门的管理机构,配备相应的管理人员,根据学校的校规校纪和学生公寓管理制度、条例等,通过学生公寓管理人员、服务人员及学生干部,用强制性行政命令、规定,直接对住宿学生进行宣传教育,增强住宿学生执行规章、制度、规范的自觉性,使公寓管理有章可循,依法办事。行政方法是高校学生公寓管理普遍采用的方法。

为了提高学生公寓管理行政方法的有效性,应科学运用相应的管理方式。

(1)行政命令管理方式

行政命令管理方式是凭借行政职权与权威,通过口头或书面等方式,发布必须执行的规定、决定、指示,它具有明显的强制性、权威性、直接性。对贯彻执行制度、条例规则的职责范围、处罚规定要明确具体;对不服从管理的要有相应的纪律、制度、惩处规定与执行程序做保障,以保证管理规章制度能贯彻执行,实现有效管理;对违反条例的处理要一视同仁,对管理条例的执行要做到公开、民主、公平、合理。学生公寓管理制度、条例、规则、规范的制定要科学,既要符合国家法规条例,又要有学生的认同。这就要求规章制度的制定,不仅应有管理人员、法律专家、主管领导,还应有规章制度的针对人,即学生或学生代表参与。这样的规章制度才会有牢固的群众基础,才能得到更好的执行。在具体实施行政命令管理方式时,要做到制度化、规范化、程序化管理。根据高等教育规律及高校管理目标、基本原则、管理程序和学生公寓管理自身规律,应制定一套包括《学生公寓管理办法》《学生社区管理委员会工作条例》《学生公寓公约》《各级工作人员岗位职责》《文明公寓建设实施细则》等完整、系统的规章制度、管理服务规范和学生公寓日常工作处理程序,并采用多种方式向学生进行宣传教育,使学生一进公寓就知道应该做什么、不应该做什么。明确做好了按何种规定受到何种奖励、违反了规定接受何种处罚,使管理服务人员和学生都有纪可守,有章可循,建立和谐的人际关系,提高工作效率。

(2)激励方式

激励,是教育的一种方式。激励的直接着眼点在于激发学生的情感,产生良好的行为。公寓管理人员应掌握激励的艺术,不断创造条件,变换激励方式。同时,在激励过程中,开展思想品德教育活动,以对学生起到感化作用,解决思想认识问题,巩固激励成果。在学生公寓管理工作中,激励方法包括以下几种类型:①参与管理激励。吸收学生参与管理,成立公寓管委会,对学生公寓实行民主管理,以激励住宿学生共同管理好公寓的积极性和主动性。②目标激励。每学期公布学期、学年评选文明寝室和个人标兵的数量、条件、奖励方法,以激发学生达到某一目标的驱动力。③荣誉激励。对积极主动配合公寓管理工作并做出贡献的个人或集体授予相应的荣誉,出光荣册、光荣榜,记入学生档案,为其他学生树立榜样、明确方向。④物质激励。对于为建立良好公寓环境做出贡献的个人、集体,在运用上述几种激励方式的同时,要辅以物质激励。例如,如按原定并已公布于众的标准、比例发放奖金、奖品等,激发学生参与和配合做好公寓管理的积极性。⑤情感激励。公寓管理人员、学生社区辅导员要注意观察住宿学生的情感变化,对学生生活中的实际问题要帮助解决,如对经济困难的学生为其提供勤工俭学的机会,对生病的学生在医疗、饮食方面给予关怀,对某些有错误思想行为或失误行为的学生有针对性地给予关心、爱护、帮助,使其树立信心。

(3)疏导教育方式

疏导就是疏通、引导。疏导就是要创造条件形成某种疏通机制,让学生的某种情绪得到宣泄;就是要循循善诱,将偏差的思想、情绪引导到正确的方向上来。鉴于目前有些学生对加强学生公寓管理的意义不理解,有些学生在公寓开展经商活动,引来亲友、同学住宿,有些学校甚至还发生过异性同宿的现象。虽然学校采取过行政措施,强化了学生公寓管理,但收效甚微。对大多数学生,学校只能在强化行政管理、加强思想教育的同时适时采用疏导教育方式,倾听学生的意见和想法,掌握学生的心理,运用启发、商讨建议等方法,提高学生接受公寓管理规定、条例的自觉性。对学生的合理要求要尽量满足,或者创造条件分步骤实施;对学生的无理要求或者违纪行为要严厉批评。学校对待学生既不能强制压服,也不能放任自流,应采取积极疏导教育的方式。对后进学生要消除其心理"防线",晓之以理,促进转化,以便做好学生公寓管理工作。

(4)学生参与管理方式

现代管理理论认为管理的核心是做好人的工作,充分调动人的积极性,使每个管理人员都能明确整体目标、自己的职责、工作的意义、相互的关系等,使其能积极、主动、创造性地完成自己的任务。管理心理学对"参与"和"认同"行为的研究成果表明,让普通成员以不同形式参与领导和管理可以增加成员的心理满足,增强工作动机,减少对抗,增强责任感、义务感,由于"认同"而产生关心、支持和主动帮助的行为。高校学生公寓的住宿对象是具备一定知识和技能的学生,校方应积极组织以学生为主体的学生公寓楼管委会,设层长、寝室长,吸收学生参与决策学生公寓管理模式,制定学生公寓管理目标,参与解决问题、处理事件的活动。这样,可以提高学生在学生公寓管理工作中对自我价值和重要性的认识,增加其对公寓管理决定的认同,从而提高向心力,增强自觉性,做到紧密配合,协同工作。同时,又可以使学生在参加公寓管理过程中提高组织管理能力。

学生参与管理是提高公寓管理效能的有效途径,也是育人的需要。学校学生公寓管理部门应从战略高度提高认识,积极支持,并要因时因校制宜,实行民主管理。条件成熟的学校可让学生自我管理,在行政上给予指导、支持和帮助。学生参与公寓的管理一般有三种方式。第一种是咨询参与,对学生公寓的管理模式,重大的管理改革措施、改革方案、规章制度建设等提出意见和建议。第二种是决策参与,对学生公寓管理中学生关心的重大问题,选派学生代表组成调查研究小组在调查研究和系统分析的基础上直接参与决策。第三种是行政参与,通过学生代表参加的在校学生公寓管理领导小组或学生公寓楼管委会对学生公寓进行日常行政管理。

2.经济方法

经济方法是经济组织利用物质利益来影响所属人员行为并使之目标与组织目标相一致的一种管理方法。随着教育体制改革的不断深化,学生公寓管理应加强高校经济核算,提高教育投资效益,对学生适当采用经济方法进行管理,如对学生收取学杂费、住宿管理费等,同时变助学金为奖学金、贷学金。入学时学生先交费后注册,对于不交费或严重违反公寓管理规定的,学校不准其在学生公寓住宿;将住宿学生在公寓的表现作为道德操行,实施考评德育分与评奖学金挂钩;在公寓日常管理中核定水、电用量,超指标加价收费,减少水、电浪费;为防止损坏公物,学生住宿时每人交一定数额的押金,作为损坏公物时的扣款赔偿。

总之,适当运用经济方法有利于完善学校及学生公寓的管理职能。但经济方法不是万能的,作为国家主管主办的高校,不能过分强调以经济制裁为手段进行公寓管理。对学生的收费要适度,损坏公物要酌情赔偿,违反规定要合情合理处理、严格控制,避免处理不当。

(三)依托学生公寓开展学生心理健康咨询活动

学生正处于青年时期,存在着青年的特点和青年知识分子的特点。学习竞争的激烈、就业形势的严峻、爱情问题上的不如意、与同学交往产生障碍而导致的焦虑、部分同学经济上存在的压力和家庭教育的不平等都导致了当前高等院校部分学生在心理上存在这样那样的问题。对于学生管理工作者而言,这类问题是绝不可轻视或忽略的。对此,校方有必要选聘有经验的、学生信得过的教师、心理医生在学生公寓开设咨询室,用社会学、心理学及医学知识和生活经验等开展心理健康咨询,帮助学生解除困惑,培养积极的心态,使他们适应环境变化,树立信心。这对于学生公寓管理工作是一个有效的辅助管理方法,也是学生公寓管理人员参加教育过程的有效措施。

学生公寓心理咨询方法的特点是学生由被管理的被动地位转为主动地位,而管理者(教师、医生和管理人员)由主动地位变为被动地位。学生心甘情愿地向管理者诉说自己的"遭遇""苦衷",以求得对方的同情、理解和指导,从而使焦虑、郁闷、孤独、压抑的情绪得到某种释放和宣泄,保持心理平衡。

心理咨询方法对帮助心理有障碍、行为受挫折的学生消除消极的心态、树立信心有重要的作用。学生认为对方是自己的师长父辈、"救命"的医生,是信得过的,心理上消除了"防卫"和"戒心"。因此,学生对他们阐述的道理、行为规范、健康知识能听得进去,能双向交流感情,探讨问题,有较强的针对性,利于和谐师生关系的建立,激发学生的潜能,消除学生的自卑、自弃心态。

三、高校学生公寓管理的体制

(一)高校学生公寓管理体制的概念

管理就是在特定的环境下对组织所拥有的资源进行有效的计划、组织、领导和控制,以便达成既定的组织目标的过程。管理不仅为实现组织目标服务,还要运用组织中的各种资源来实现目标。管理工作的过程是由一系列相互联系、连续进行的活动所构成的,也是在一定环境与条件下进行的。所以管理工作离不开特定的政治、经济、文化环境和条件,离开了特定的物质和政治文化条件来空谈管理,是不可能产生管理效果的。

所谓体制,就是指国家机关、企业、事业单位等的组织制度。我国的学生公寓管理体制是指在中国特色社会主义市场经济体制的现行教育体制和办学模式下,为了实现高校学生公寓的科学管理,为学生提供良好的生活、学习环境,通过对学生实施教育、管理、服务实现育人目的而设立的学生公寓管理机构。在公寓管理过程中应明确学生工作部门、后勤服务(物业管理)部门、安全保卫部门、学生政治辅导员、公寓管理人员之间的职责和权限的划分以及学生公寓管理的有关规章制度、管理决策程序等。

(二)高校学生公寓管理体制的类型

随着我国改革的逐步深化,尤其是高校后勤社会化的推进,学生公寓管理体制也在不断地发展变化。就目前而言,高校学生公寓管理体制主要有以下几种类型。

1.学生自治体制

学生自治体制是人本化管理在高校学生管理体制中的具化。人本管理思想是针对20世纪初过于强调对一切作业活动的计量定额、强调严格的操作程序而忽视了对人的管理的泰勒的科学管理而提出的一种人性化管理。人本管理在知识经济时代的立足点与核心是人的知识、能力的提高和创造力的培养,它要求管理者始终坚持以人为本的观念,建立起让每一名成员都有机会施展才能的激励机制,努力营造尊重、和谐、愉快、进取的气氛,激发人们参与管理的热情、想象力和创造力。具体到学生管理体制上就是学生自治体制。学生自治体制通过从住宿学生中公开选聘从事管理、服务工作的学生公寓管理机构的工作人员,从而制定相应的学生公寓管理制度、条例、工作程序、考核及奖励办法。

同时,成立学生公寓民主管理委员会,制定民主管理制度,使民主管理委员会的民主职权与学生公寓管理机构履行的管理职能同步、相互制约,以提高学生公寓管理水平。学校为学生住宿提供必要条件,配备相应的设施、设备,为有效地开展学生公寓管理工作创造条件,授予职权,给予指导,积极理顺关系,做好服务工作。学生自治的形式有两种:一种是学生公寓完全由学生负责经营,自我管理、自我教育、自我服务、自我监督,学校给予支持、指导,如深圳大学、华侨大学、湖州职业技术学院等就是这种形式。另一种是学生公寓管理由学校提供支持、帮助,保证学生公寓管理服务正常运行的同时,学生实行自我管理、自我服务。

2.行政管理体制

这种学生公寓管理体制由后勤部门为学生提供住宿条件,学校用行政方法集权领导,分散管理。管理方式、收费标准等都由学校领导决定。在管理过程中,学生工作部门、安全保卫部门、后勤服务部门按具体的分工各负其责。行政管理体制虽是行政集权,管理有力度,但由于分散管理口多,会出现各自为政、互相脱节的现象,管理人员与学生之间容易产生对立情绪。诚然,这种管理体制在一定的时期内曾起到积极作用,但在提倡民主、和谐的时代其存在不少弊端,有待于进一步探讨、完善。

3."主辅"管理体制

此种管理体制以行政管理为主、学生参与管理为辅,其形式主要有两种:一种是选聘或有关部门推荐学生直接担任学生公寓管理机构的副职或助理,协助中心主任(或科长)做好学生公寓管理工作并由他们负责学生公寓楼楼委会的有关工作;另一种是由学生代表参加组成学生公寓管理委员会,协助学校做好学生公寓管理工作。"主辅"管理体制既可充分听取学生的意见和建议,锻炼学生的组织能力,又利于管理人员与学生之间沟通信息,交流感情,使学生承认并支持学校采取的管理决定和措施。

四、高校学生公寓管理模式的含义与类型

(一)高校学生公寓管理模式的含义

高校学生公寓管理模式是指高校对全体学生公寓进行管理活动时所采取的组织形式和管理方式。高校学生公寓管理模式是对学生公寓进行系统管理的前提,它受到社会制度、学校规模和学校管理体制等多种因素的制约。管理模式是否恰当对能否充分发挥学生公寓管理的效能、全面实现管理目标有着重要的影响。因此,各高校都十分重视对学生公寓管理模式的探索。

(二)我国的高校学生公寓管理模式

在我国,目前各高校所采用的学生公寓管理模式大致可分为以下几种类型。

1.学生自治管理模式

这种模式要求学生自己组织起来,自己负责公寓的安全、水电、公物维修、作息制度、卫生制度的制定和执行监督等。学校只给予学生理论上、方向上的指导和适当的经济补贴。这是充分体现学生公寓民主性管理原则的一种模式。实现学生自治管理的主要机构是学生公寓自我管理委员会,该委员会的成员由广大学生推举产生,报经学校批准。该委

员会负责公寓各种宣传、各种规章制度的贯彻落实、各项工作的检查评比、各种违章行为的批评处理、各种服务设施的使用及维修等一切公寓管理活动。学生自治管理模式对于公寓管理具有针对性强、灵活性大、范围广、效益高等优点，在理论上值得推崇和肯定。但实际推行起来却往往因学生群体的自觉性不够，同时缺乏大批得力、过硬的学生干部而困难重重，因而只是在理论上加以肯定，在实际学生公寓管理工作中却不常用。

2.学生工作系统主管模式

这是以学生工作系统为主来管理学生公寓的一种模式。此模式由各院（系）分管学生工作的党总支书记或副书记、团总支书记、政治辅导员和班主任组成的学生工作领导小组全盘兼管学生公寓的安全、水电、卫生、维修等管理工作，后勤部门只提供物质保障。学生工作系统主管模式的针对性、灵活性较强，有利于加强对学生的思想教育工作，促进学生的全面发展。但由于学生工作领导小组成员的精力有限，教学、科研、公寓管理工作很难兼顾，往往忙得团团转，顾此失彼。因此，这种管理模式也逐渐不再采用。

3.行政分工管理模式

此种模式是我国传统的学生公寓管理模式，由学校各部门按其工作职能分别负责某一单项的学生公寓管理工作，如后勤服务部门提供公寓、设备及负责维护环境卫生等；校团委负责学生的思想教育工作；校保卫部门负责学生公寓的安全。行政分工管理模式把整个学生公寓管理工作分解成若干部分，划分细致，职责明确，有利于各专职部门所从事工作的制度化和规范化。但是，随着学生公寓管理工作的日益复杂化，行政分工模式越来越不适应实际工作的需要，日益暴露出政出多门、推诿扯皮、协作性差、形不成合力等缺点。所以，在当今学生公寓管理中这种模式已逐渐被其他更先进、更合理的管理模式取代。

4.学生综合管理模式

所谓综合管理，就是以后勤服务总公司或学生工作部（处）为主管单位，学生公寓管理科或学生公寓管理中心为主要责任方，将后勤部门、安全保卫部门、思想品德教育和学生工作部门，相关院（系、部）及参加学生公寓管理工作的学生工作干部、管理员、保安人员等按职责分工,使其相互配合,共同做好学生公寓管理工作。在公寓管理过程中,行政管理、思想政治教育、经济、咨询疏导等方法和手段应交错使用,以提高学生公寓管理的整体效能。管理的内容包括学生公寓的卫生、治安、秩序、日常维修等,通过管理使学生公寓内整洁美观,公共场所清洁卫生,房屋、设施、水电供应始终保持正常状况,公寓秩序井然有序。管理人员、服务人员、治安保卫人员应积极治理公寓环境,主动做好防火、防盗工作,及时预防和妥善处置突发事件,实现教育、管理、服务一体化。学生综合管理模式目前在我国高校学生公寓管理中较为普遍。在新形势下,伴随着高校后勤社会化的逐步完善,对于学生公寓如何更有效地发挥好教育、管理、服务三项功能,不少高校进行了有益的探索。湖州职业技术学院的学生社区管理模式就是其中的典型,管理成效明显,形成了学生管理、物业管理、安全保卫、饮食服务"四位一体"的管理模式。

第四节　高校学生社会实践管理模式

一、高校学生社会实践的科学内涵

高校学生社会实践是一种以实践的方式实现高等教育目标的教育形式,是高校学生有目的、有计划地深入现实社会,参与具体的生产劳动和社会生活以了解社会、增长知识技能、养成正确的社会意识和人生观的活动过程。学生社会实践是高校教育活动的重要环节,它与课堂教学相辅相成,共同完成高校的人才培养任务,实现学生的全面发展。高校学生社会实践对学生的全面发展具有重要的意义,具体来说主要表现在以下几个方面。

(一)社会实践帮助学生建立科学的世界观

世界观是人们对世界的一般看法和根本观点。人们在生活的过程中都会形成自己的世界观,但由于个人生活环境、所受的教育和影响不同,人的世界观也有很大差异。总的来说,世界观有正确和错误之分,而正确的世界观经过理论化、系统化就会成为科学的世界观。学生树立正确的世界观需要靠两个方面的努力:一方面是学生要经常与社会接触,不断突破事物的表面现象,深入事物的本质,从而不断校正原来从现象上获得的肤浅的或错误的认识,使自己的认识符合事物的本质及规律;另一方面是要对学生进行系统的思维训练,使学生通过学习前人正确的世界观理论了解人们在世界观上容易走上歧途的种种可能,让学生对自己的世界观经常进行反思,并不断地充实新的科学的内容。因此,社会实践对学生建立科学的世界观很有必要。

(二)社会实践推动学生的社会化进程

社会化是指个人与社会生活不断调适,使个人由"自然人"发展为"社会人"的过程。社会实践可以增强学生的社会责任感。很多高校组织学生到基层开展社会实践的活动使学生提高了对改革的复杂性、艰巨性的认识,增强了他们的社会责任感。在社会实践中,越来越多的学生认识到,社会需要的不是冷漠的旁观者,也不是抱有同情心的捧场者,而是需要热情的、直接参加这项伟大建设工程的人。

通过社会实践,许多学生克服了原来自视清高的习气,自觉并充满激情地投入学习、生活和工作。社会实践可以推进学生实现社会角色的转变。社会实践活动能够帮助学生找到自己和社会要求之间的差距,看到自身知识和素质上的缺陷,启发学生对自己进行重新认识和正确评价,促使学生从过去的"唯我独尊"的幻想中回到现实,重新确立自我价值实现的基点,在纷繁复杂的社会中找到个人和社会的最佳结合点。社会实践可以促使学生与长辈们沟通代际关系。当前一些学生图安逸怕吃苦,自视清高,却认为他们的父辈过于保守、正统,两代人之间形成了一层无形的隔膜。究其原因,主要在于有些学生对父辈缺少了解。在社会实践中,学生以普通劳动者的身份直接参加社会财富的创造活动,培养了他们尊重劳动成果、尊重父辈们的思想感情。总之,在社会实践中,两代人之间可以相互沟通和相互理解,消除彼此对对方的偏见,进而有效地促进两代人之间的交流和融合。

(三)社会实践有助于学生能力的提升

部分大学生在一定程度上存在着眼高手低、忽视社会实践、脱离群众、动手能力弱等缺点,而积极踊跃地参加社会实践活动有利于弥补这些不足。受片面追求升学率的思想影响,部分学生只注意书本,不注意社会实践,存在"高分低能"的状况。这严重阻碍了他们在各项建设事业中发挥作用,延缓了他们成才的进程。实践是成才唯一的桥梁。只有实践活动才能使书本知识与实践操作合二为一。

事实证明,社会调查、科技咨询、信息服务、义务劳动等社会实践活动不仅可以使学生的智力资源得到直接的、有效的开发,达到分数与能力的统一、书本知识与实践的结合,还可以使个性不同的学生通过实践活动各获所求,各取所需,缺什么,补什么,从而有效地完善现行的教学方法,弥补学生自身的不足。

(四)社会实践促使学生贴近群众

回顾历史,凡是有所作为、有所创造的青年和知识分子无不投入了轰轰烈烈的社会实践。许许多多的政治家、经济学家、教育家、军事家、文学家等都是在社会实践活动中茁壮成长起来的。他们在实践中身体力行,为我们提供了光辉的典范。只有广泛、深入地参加社会实践活动,和广大群众相结合,学生才能健康成长。

(五)社会实践助力学生融入现代化进程

站在"两个一百年"奋斗目标的历史交汇点上,开启全面建设社会主义现代化国家新征程任重而道远。学生参加社会实践,可以在社会主义物质文明、精神文明、政治文明建设以及更深入的改革开放进程中大显身手,在树文明新风的社会实践中促进经济、政治、文化的平衡发展,从而对社会全面发展发挥积极的推动作用。

二、高校学生社会实践的具体实施

(一)高校学生社会实践的内容

1. 深入企事业单位,开展社会调查

学生通过深入城镇、乡村开展社会调查、考察;深入城乡各地、部队、科研院所、企事业单位开展社会考察和社会调查活动,从而了解社会、了解国情,同时对社会和企业的发展献计献策。社会调查和考察的直接目

的是了解社会的实际情况,认识社会现象的本质及其发展的客观规律。这是一种搜集和处理社会信息的方法,在现代社会具有越来越重要的作用。

2.深入企事业单位,开展社会服务

学生通过深入城镇社区和贫困乡村开展文化培训、科普讲座、法律宣传和咨询活动,服务社区和乡村的两个文明建设。

科技服务活动面向经济建设主战场,面向城镇社区、县乡的中小型企业、乡镇企业。学生结合所学专业,发挥技术特长,在教师的指导下开展科技攻关、工程设计、科技成果推广、科技咨询和技术服务等活动,使科学技术为现实生产服务[1]。

信息服务活动是指通过一定的途径把人才、工农业科学技术及社会生活等方面的信息资源的开发利用情况提供给被服务单位,并把被服务单位的信息传递出去,以期取得一定的人才效益、社会效益和经济效益。学生通过在校的学习掌握了一定的专业知识,可以通过开展信息服务活动把信息资源的开发过程及成果传播到各个领域,进一步加以利用,在信息资源的开发利用之间架起一座桥梁。

3.深入企事业单位,开展教学实习

高校学生党员与城市社区党员、农村基层党员、企事业单位党员联合,积极开展创新争优、"两学一做"、主题教育、党的先进性和纯洁性教育等互动活动。教学实习是教学计划内的社会实践,是在教学计划规定的时间内进行的,要求每个学生必须参加并取得学分,是实现专业培养目标、保证人才品格质量的必修课。教学实习包括认识实习、生产实习、毕业实习等,是理、工、农、医等专业学生社会实践的主要形式,是把生产劳动引入教学,对学生进行思想政治教育、职业道德教育、专业教学和职业训练的基本环节。

4.深入企事业单位,开展勤工助学

勤工助学对学生个人和国家都有重要的意义。对于个人来说,它有助于学生个人的成长和成才;对于国家来说,它有助于国家高科技人才

---

[1]安欣.教育心理学下的高校"双实践"学生管理模式研究——探索艺术实践与社会实践的特色结合[J].大众文艺,2021(12):182-183.

的培养,有助于国家教育制度的改革和教育的不断发展。在假期,学生所做的兼职教师、推销员、打字员、秘书、酒店服务员等工作一方面可以在一定程度上解决贫困生的经济问题,另一方面也是高校开展社会实践活动、培养学生自立自强精神的有机组成部分。

具体来说,勤工助学主要包括校内公益劳动、校外社区服务活动,与企事业单位、部队、科研院所、乡村、居民委员会、商业企业等单位开展的其他形式的勤工助学活动。

(二)高校学生社会实践的形式

1.活动型社会实践

这种社会实践以文化、科技、卫生下乡为主,通常做法是学校与某地联合,在某地以学校为主,组织一台甚至几台文艺演出,动员群众前来观看;或组织大型的科技咨询、文化宣传、医疗服务活动,场面宏大,气氛热烈,影响也较大。但投入多,组织过程复杂,参与的学生也不是很多。目前这种社会实践已成为学生社会实践的主要形式,但仍然需要改进。

2.参观型社会实践

这种社会实践通常是组织学生到风景名胜、工厂参观考察、座谈了解,虽然能对学生起到一定的教育作用,但除了能增进学生之间的友谊、加深学生对祖国大好河山的了解以外,能真正达到教育目的的可能性较小。于是学校就把这种社会实践作为对优秀学生或学生干部的奖励,组织少量学生参加,但取得的效益却不大。

3.课题型社会实践

学校以教师牵头,各相关年级学生参加,组成课题小组承担政府或企业的课题,通过广泛深入的调查宣传活动对课题进行攻关。学生参加这种实践的积极性比较高,而且这种活动能得到一定的社会资金支持,也能长期开展下去。

4.生产型社会实践

这种社会实践的参与者以高年级学生、研究生、博士生为主,他们参加生产活动的某一环节,成为其中的一员。一方面,利用自己已有的知识促进了生产的发展;另一方面,在实践中学到了书本上没有的知识,相得益彰。这种社会实践有着较强的生命力。

5.挂职型社会实践

这种社会实践主要是以组织的形式到机关社区、乡村当中挂任各种职务的助理,做一些社会工作的实践。这种社会实践深受机关、社区、乡村的欢迎,但目前参加的人数较少。

6.互动型社会实践

这类社会实践的参与者既有学生(含学生党员),又有城乡基层的市民、农民(含党员)。在活动中,他们互为参照对象,相互学习、相互帮助,不仅双方共同获得进步,也在一定程度上促进了社会主义物质文明、精神文明和政治文明建设。

7.学生自发型社会实践

学生在假期通过参加社会招聘活动、上门自荐活动等形式参加到各种社会生产活动中去,除能体验社会生活活动中的酸、甜、苦、辣外,还能利用自己的所长,在为社会服务的同时取得一定的报酬用以补贴学习或生活所需。这种社会实践除参加的学生较多外,学校支出也不是很大,应该进行鼓励。

三、高校学生社会实践的制度化建设

高校应把学生社会实践纳入整体教育计划,通过制定短期规划、长远规划和配套文件,形成一套完善的学生社会实践制度。它对实践活动的指导思想、方针原则、目标要求、形式内容、方法途径、时间要求、成绩考评、工作量计算、奖励办法,组织领导以及有关政策都应做出明确的规定,并随着学校体制改革不断加以修订,使活动贴近学校的发展实际,有章可循。高校学生社会实践的制度化建设应包含以下内容。

(一)建立社会实践领导小组制度

学校应成立由分管学生工作的党政领导和教务、科研、总务、学生处、团委等部分单位组成的学生社会实践活动领导小组,负责对全校社会实践进行统筹安排,制订计划,组织落实。各院(系、部)成立由分管学生工作的党总支书记(副书记)、团总支书记与学工办主任等参加的社会实践领导小组,负责本院(系、部)学生社会实践计划的制订与实施。同时,也可吸收校外人士,如地方政府负责领导、地方市团委同志及企业负责同志共同组成社会实践领导小组,建立友好关系,以便于高校社会实践在地方、企业的顺利开展。

(二)完善社会实践活动基地建设制度

随着学生社会实践不断走向成熟,社会实践基地建设制度也成为一种趋势。相对于实践初期分散、随机的活动,基地活动可以有长远的计划,为培养人才制订完备的方案,同时也有利于基地方与校方建立长期互惠关系,使社会实践在双方自愿的基础上健康发展。社会实践基地制度建设包括两个方面的内容:一方面是为教学研究服务的社会实践基地的制度建设。这类基地包括城市工商企业、农业生产单位等基地。另一方面是思想政治教育和党建社会实践基地的制度建设。这类基地包括城市社区、农村基层组织、各类爱国主义教育基地(革命纪念馆、革命博物馆和烈士陵园等)等。

(三)建立社会实践指导教师队伍制度

开展学生社会实践的经验证明,社会实践要取得成效离不开教师的积极参与。因此,必须建立社会实践指导教师队伍制度。不同的社会实践需要不同的指导教师:为教学研究服务的社会实践由专业教师或相关专业的技术人员做指导教师;思想政治教育类的社会实践由政治辅导员、政治理论教师或校外政工干部做指导教师。从而能够借助指导教师在人格、理论、知识、专业上的优势增强社会实践的生命力,实现实践过程中全方位育人的功能。建立社会实践指导教师队伍制度一般要考虑以下因素:①基地的性质(教学研究服务型的社会实践基地和思想政治教育型的社会实践基地对教师的要求有所不同);②学校的有关政策;③教师的地位和作用;④实践过程中的组织领导;⑤纪律要求;⑥地点的选择和安排;⑦职称评审和职务晋升;⑧工作量的计算。

(四)建立社会实践考核与激励制度

考核激励是提高社会实践活动成效的有效方式之一。对学生参加社会实践活动定内容、计学分;对教师定任务、计工作量;对院(系、部)和教研室制定规划和考核措施。社会实践活动情况要做到"八个挂钩":即与学生德、智、体、美、劳综合测评成绩挂钩;与奖学金挂钩;与评选先进个人和集体挂钩;与团员民主评议、推优入党和推荐免试研究生挂钩;与评选优秀党团员挂钩;与学生的学分挂钩;与单位和个人的经济利益挂钩;与教师工作量和干部业绩的奖惩挂钩。这样,才能调动学生、广大教师干部以及社会各界、各单位参与社会实践的积极性、主动性,使社会实践形成有机运作、自我驱动、有轨发展的动力机制。

第四章　高校学生管理模式创新实践

第一节　基于法治视角下的高校学生管理创新实践

依法治国作为中国共产党领导人民治理国家的基本方略,受到全党、全国人民的认同。在法治化社会不断深入推进的过程中,依法治校成为高校教育管理的重要指导思想。高校学生工作管理作为高校工作的重要一环,如何实现法治化管理以促进高校依法治校成为需要我们不断探索的问题。

一、高校学生管理法治化的含义

随着法治化理念的广泛传播,高校学生管理工作的法治化也是依法治国战略的一个重要组成部分,在高校教育事业迅速发展的今天,实施学生管理工作法治化具有重大的现实意义。高校学生管理法治化实质上就是通过法律理顺高校与学生之间的法律关系,使高校与学生的权利义务得到保障,让整个高校的管理有条不紊地进行,以最大限度实现高校的有效运转。

二、高校学生工作管理法治化的必然性

(一)时代发展需要与国家政策引导

依法治国,建设社会主义法治国家,是人民当家作主的根本保证。党的十六大提出,要把依法治国作为"党领导人民治理国家的基本方略";2014年10月,党的十八届四中全会首次专题讨论了依法治国问题;2017年10月18日,习近平总书记强调,成立中央全面依法治国领导小组,加强对法治中国建设的统一领导。可见,法治已成为全社会受到尊重和认可的价值观。基于法治视角的高校学生工作管理改革是时代对我们提

出的更高要求,应该得到高度重视。

（二）高校依法治校的必然要求

我国已步入法治化建设阶段,在社会主义现代化建设宏伟目标中,依法治校是必然。在大学生权力意识不断提升的情况下,也必然要求高校学生工作管理法治化。加之,在社会不断发展过程中,高校和学生之间因为管理所产生的法律纠纷也在不断增加,高校学生工作管理的法治化有利于依法治校的推进。

（三）提高高校学生工作管理实效的现实诉求

当前,高校学生工作管理缺乏法治基础,管理过程中无法可依现象突出。高校在发展过程中如果能够在实际工作中做到法治化管理,不仅能够进一步促进高校学生工作管理质量,还能突出高校办学特色、促使高校办学理念更为明确,最终就能形成较为合理的高校学生工作管理制度和程序,为国家培养具有法治精神的创新人才,最终促进整个高校建设质量的提升。

三、高校学生工作管理法治化建设的具体措施

（一）对学生工作管理准则进行细化

在基于法治视角进行高校学生工作管理改革的过程中,首先需要高校按照自身办学特色来对管理工作准则进行细化。在现如今高校学生工作管理体系当中,法规和细则的实施本身就是对我国基本法的拓展,在不违反上位法的基础上能够结合学校实际情况对学生工作管理准则进行细化,就能进一步提高学校内部管理结构的规范性,让学校学生工作管理更加民主化。具体而言,可以结合现有的《中华人民共和国宪法》《中华人民共和国教育法》《中华人民共和国高等教育法》以及《中华人民共和国学位条例》,对学生受教育权利与义务相关内容进行细化,通过法律的标识来进行高校学生工作管理;同时,以此来对学生行为进行规范,真正保障学生合法权益。

（二）加强法治化学生工作管理队伍建设

要想真正实现基于法治视角下的高校学生工作管理改革,相应的学生工作管理队伍在其中起着非常重要的作用,这也是高校人才培养过程中的核心环节,因为只有确保高校学生工作管理队伍质量,才能进一步促进法治化学生工作管理效果。为此,在实际改革过程中可以从以下两点着手:第一,提高法治意识。思想是行动的先导,高校学生工作管理队伍作为高校学生工作管理的实施主体,必须提高法治意识。第二,加强自身法治教育。高校学生工作管理队伍是大学生思想政治教育的骨干力量,高校学生工作管理的法治化建设需要鼓励他们积极参与到法治知识学习中去,通过法治教育来提高自身法律素养。

(三)促进学校法治治理合力形成

要想真正实现基于法治视角下的高校学生工作管理改革,高校还需要构建多种多样的实施渠道,完善学校法治治理合力。依法治校这一任务不单单只是学校管理人员的责任,学校内部所有人员都应该参与其中。具体而言,教师不仅要在学校当中肩负起教书育人的责任,还需要在完成知识传授的基础上加强对学生的思想道德以及法治教育,积极借用课堂来作为教育的主要方式,这样就能进一步提高学生对自身权利和义务的认识,提升学生法治观念。另外,学生作为高校的一员,也是学生工作管理的主体,需要明确自己受教育的机会以及权利。最后,学校还可以在校园内做好宣传工作,通过宣传教育的方式来将法治思想和观念渗透到每一个学生的心中①。

(四)强化高校管理者的法治理念

我国现阶段的高校管理者由于受到传统教育制度和人治思想的影响,有很大部分在管理工作中往往只注重管理的有序性和有效性,对管理行为的合法性及对被管理者的合法权益的保护有所忽视,对依法进行管理的认识不足,思想观念较为落后。在对待学生管理的问题上,认为学生就应该以服从为主,对学生的意见听取较少,从而忽视了学生的合法权益。增强高校管理者的法治观念,提高高校管理者的法律意识,是实现高校学生管理法治化的前提和保障。高校管理工作者应当把学生看作独立的、自由的、具有法定权利义务的主体,管理者在管理过程中要遵守法律,并严格按照正当程序进行管理工作,其最终目的是保障学生

---

① 刘忠明.基于法治视角的高校学生工作管理改革探索[J].知识文库,2019(1):148.

依法接受高等教育的权利,使其成为有利于发展科学技术,促进社会主义现代化建设的具有创新精神和实践能力的高级人才。因此,增强管理者的法律信仰和守法意识是高校学生管理法治化进程中必不可少的一部分。

（五）建立和完善高校学生管理的执行监督机制

在高校学生管理过程中,学校规章制度的落实程度是实现高等学校学生管理的法律完善的关键,也是如何完善高校学生管理法律制度面临的一个主要问题。只有通过法律监督才能及时发现问题和解决问题,才能保证法律法规具体落到实处。在高校学生管理过程中处理不当时,学生能做到有法可依。高校学生管理的执行监督制度应体现在高校学生管理工作的透明度中,保证学生的知情权、决策参与权等,增强学生的法律监督意识。如高校可以制定"校内申诉制度",并设置专门的申诉处理部门。

综上所述,基于法治视角下的高校学生工作管理改革是新时期对高校学生工作管理提出的更高要求,应该得到足够重视。高校学生工作管理的法治化建设不仅有利于促进依法治校,同时有助于创新高校学生工作管理方式,提高大学生思想政治教育工作实效。高校应切实从学生管理准则细化、法治化工作队伍建设、法治治理合力形成这三方面出发,逐步实现高校学生工作管理法治化。

第二节　基于柔性管理理念的高校学生管理创新实践

一、柔性管理的内涵

柔性管理理论来源于20世纪50年代兴起的现代管理科学,是其行为科学流派倡导的以人为中心的理念的发展,属于欧美现代经济管理科学的概念之一。

柔性管理以柔的原则和软的控制为特点,它遵循的是人的心理和行为规律。实施柔性管理绝不能一蹴而就,而仅仅凭借制定几条纪律、制度和规定也是不可能实现的。比起刚性管理,柔性管理更讲求人文性,所以也被叫作人性化管理。柔性管理是和刚性管理相对而言的,实施它的前提是遵循人的心理与行为规律,它的核心是非强制,工作途径不是通过强力外在约束,而是设法说服管理对象,把组织意志变成被管理对象的自觉行为。柔性管理一直以人的心理和行为规律为基础,旨在唤醒人的潜力、创造性和主动性,让人的尊严和价值得以彰显,满足被管理者的社会需求、心理需求和价值需求,最终要实现的目标是人的自觉行动。柔性管理的实质是围绕以人为本、以人和人的需要来进行的管理。

社会的进步与人类文明的发展催生了柔性管理模式。这一模式让现有管理模式的积极成果得以继承,排除了其重大缺陷,是中西管理理念的融合,能够激发人类全部的管理潜质。柔性管理是和传统管理模式——刚性管理相对而言的,它发挥了人的柔性资源。这一管理模式对管理实践中的所有文化要素、伦理道德以及其他柔性特征都进行了研究,它深化了人们对现代管理活动(包括实践与认知)的认识,发现了现代管理活动的本质。柔性管理的特点是彰显管理中的人文性,实施的是伦理管理模式,与以工具理性为特征的企业文化和伦理相比,柔性管理更高一筹。企业文化是刚性管理的范畴,也是功利论的一部分,其前提是提高生产效率和效益;柔性管理则强调价值理性,约束工具理性,凸显企业文化的特质,它顺应了人类全面发展的要求,而发展成为一种独立的管理模式。这一管理模式的导向是伦理精神,原则是柔的运用,强调对人要尊重、理解和关心,注重社会秩序的维护,以创造自由、和谐空间为目标。柔性管理来自管理伦理和企业文化,通过持续发展壮大,已经展示出巨大的作用和魅力。

二、柔性管理的主要特征

(一)以人为本的管理理念

柔性管理的对象是实实在在的人,并非抽象的人,人的情感、需求、欲望、思想和情绪等是必须一直被关注的。同时,柔性管理的对象并非孤立的,而是身处复杂的社会关系中的人,这些人必须不断地处理各种关系,包括师生之间、学生之间、学校与学生之间以及社会与学校之间的关系。与此同时,柔性管理者本身同样具有现实性和具体性,也必须始终处理各种人际与社会关系。也就是说柔性管理的对象和操作者都是具体的人,都围绕着人。在现实世界中,人从自我主体迈入交互主体、从我与他发展到我与你,柔性管理就这样在人的生活中发挥作用,并实现了管理的意义。

(二)管理方法灵活多样

柔性管理是根据企业管理的需要应运而生的,它在适应管理实践的需要和管理对象的变化中成长与壮大。在当代社会,互联网异军突起,成为"另类的沟通渠道",对经济、政治和社会等方面产生巨大而深远的影响,同时也方便了大学生在网络空间里自由交流、了解社会与自然、构建自我与他者的新型关系。这一虚拟世界没有强有力的约束机制和有效的评价体系,蜂拥而来的信息必然影响和左右着大学生的道德观、价值观和行为模式。每一个大学生都是独立的个体,其思维方式、心理构成、价值观和情感世界都各不相同。所以客观上要求柔性管理能够针对他们的精神、思想、心理和行为等方面的差别,运用多样化的管理方法。

(三)稳定性和动态性统一的管理过程

柔性管理过程表现出稳定性和动态性相统一的特点。第一,社会经济的发展总是在影响和改变管理对象的思想、心理和行为。所以管理方法也要随着客观情况不断进行调整,来适应管理对象的内心变化,满足他们的内在需求,让管理方法和策略不落后于时代,柔性管理的动态性特征由此而来。第二,管理工作的实施要求保持相对稳定的管理团队、管理机构和管理模式,这就是柔性管理的稳定性特点[1]。

(四)管理成果的塑造特征

柔性管理围绕着人来进行,关注人的心理、情感、价值观,作用于人的行为和外在表现等。运用柔性管理模式管理大学生,目的是创建优良的教育管理生态,打造健康阳光的校园人文环境,营造美好的校园学习和生活环境,激发他们的学习积极性,让组织意志成为他们的自觉行为,实现大学生自我与他人的协作交流方式、自我与他人架构以及自我与组织架构等方面的良性转变。这样就会在管理效果上体现出

---

[1]渠颜颜.基于柔性管理理念的高校学生管理研究[D].徐州:中国矿业大学,2015:11-15.

明显的塑造特征。

三、关于高校学生工作管理柔性化的系统思考

(一)确立柔性化管理的理念

1.科学发展

学生工作柔性化的管理理念的出发点是学生,能够把学生培养成才是最为重要的。只有将科学发展观和深化改革思想融入学生工作柔性化的管理理念中,才能发挥柔性化管理的价值,真正人性化管理学生,塑造具有创新思维和创造能力的人才。

2.以学生为本

学校教育要以学生为主体,让学生主动发展,而不是被动发展。要尊重学生的主体地位,积极展现学生的创造性、主观能动性,让学生能够积极主动地、有创造性地学习,具有独立思考的能力。只有以学生为本,视他们为教育、教学、管理的主体,尊重他们的主体性,学生工作的柔性化才能得以实施。

3.民主平等

民主平等要求高校学生工作管理者在日常管理中重视平等的原则,并且积极鼓励学生主动参与基本的管理决策,培养学生的民主平等意识。民主平等的观念是学生发展的内在需要,是落实学生主体地位的保证。在教育管理过程中要坚持以理服人、发扬民主、尊重平等。另外,管理者的自身素质也必须得到提升。只有树立民主观念,充分调动学生参与,才能更加积极地发挥学生的主体性。只有每一个管理人员积极为学生创造平等民主的氛围,调动学生的积极性,发挥学生的主体性,才能切实地做好学生工作管理;同时才能使学生畅所欲言,发挥学生群体智慧,培养学生合作精神,培养具有创新思维和创造能力的人才。

4.温情关怀

在学生工作管理中,努力创设"以情感人,以语化人"的氛围,积极对学生进行心理辅导,让学生正确认识现实的社会;并给予他们足够的帮助,让学生感知人文关怀、感受学校的温暖;鼓励学生积极主动提高自身竞争力,提高自信心,形成正确的人生观和价值观。

(二)坚持学生工作管理柔性化的基本原则

1.心理重于物理、内在重于外在的原则

大学生的行为管理根据具体手段的不同,大致可以分为两个方面。首先是大学生行为的外在管理。大学生行为的外在管理包括许多方面,其中最主要的是校纪校规管理。为了更好地管理学生,许多学校制定了具有针对性的校级规章来约束学生的行为。但很多情况下,这种强制性手段仅仅是对大学生行为的一种约束,并不能产生实质性的效果。为了更好地实现学生工作管理,必须采用另一种管理手段,那就是学生的内在管理。内在管理注重学生的自我接纳,通过一定的手段,让学校的管理要求变成学生的自觉行为。常用的内心管理手段有很多,其中最主要的一种是激励。通过适当的激励,让学生养成自觉行为,有更好的自我管理意识。相较于外在管理,内在管理更持久,效果更明显,可以达到更好的学生管理效果,这将有利于学校学生工作管理的开展。

2.个体重于群体、直接重于间接的原则

现阶段,学校制定的校纪校规、评奖评优政策,一般都是站在大众化的角度,它们所反映的是大部分人的价值观,但没有考虑到个体的差异性。人作为会思考的动物,每个人都因为接触的事物、人的不同,而形成不同的性格、价值观、人生观,所以需要区别对待,不应该简单地同等对待。现阶段的大学生由于来自不同的地区,接受不同的文化,自然存在个体差异,而且他们更加敏感,所以更需要区别对待。

我们所讲的直接重于间接实际上是针对柔性管理来讲的,它属于一种管理方式,在一定程度上,个体重于群体是与它共同存在并相互作用的。我们所讲的间接管理,实质就是管理层运用媒体来宣传教育工作。但是,从某种意义上来讲,间接方式不具有针对性也不够深入,如果用来管理大学生,就很难对他们区别对待。直接管理方式的显著特点就是为管理人员和被管理者提供了面对面交流的平台,也关注双方思想和情感的碰撞,因而能深入学生群体,精准把握,进而实现预见、发现并及时化解矛盾,防止矛盾被激化。

3.务实重于务虚、肯定重于否定的原则

很多人有这样的想法:政治工作的实质都是虚的,是务虚方面的工作,因此于大学生而言,开展有关思想政治方面的工作都是不真实的。针对这种现象的解决办法,第一要务虚,也就是做好相应的调研工作,然后根据所做的调研制订出相应的方案;第二是务实,积极通过实践去解决所发现的问题,这就是务实。务虚是我们必须要重视的,实际上大学生通常更注重务实,通过成功务实来验证务虚是正确的。

就事实而言,否定显然没有肯定重要。由于人都会有行为潜伏状态,实际上心与言、言与行通常具有不一致性。大学生所处的年龄阶段,使他们在心理以及生理这两方面言行不一的特征非常显著。但是他们只是想完成自己的学业、有好的人缘以及获得他人的认可或者是嘉奖,也就是想得到社会的肯定。所以,教师进行学生评价时,一方面,要注意肯定学生的成绩,在明确是非观的同时增加他们的信心;另一方面,要指出学生的不足之处,但是要以合适的方式讲,让学生去思考并接受教导。所以,辅导员或是班主任要及时鼓励那些进步学生,以此来增强学生的自信心以及提高他们的积极性。

4.执教重于执纪、身教重于言教的原则

如今的大学普遍推行了学生自我教育、自我管理以及自我服务的教育方针,实际上这是充分利用了柔性管理的方法。执教方式有很多种,言传身教、榜样树立、舆论宣传、私下谈心等。通过执教,可以更深层次地完成对大学生内心情感的培养、意志品质的锻炼和行为的改变,最终实现知、情、意、行的有机结合。这就要求管理者要有责任感,要有四心——耐心、爱心、细心、关心,以自觉性的启发为基础,并非靠纪律来约束。

对大学生的教育而言,在实践工作中被广泛运用的是言教,实际上取得最好效果的是管理者的身教。在教育实践过程中,身教不受时间、地点的限制,随时随地都可以宣传,用行为来教导人,这样的教育都是行之有效的。在柔性管理过程中,以身作则的作用是无可替代的,从某种意义上来讲,身教重于言教。"亲其师,信其道,循其步",从某种意义上来讲,这才是教育的最高境界。

(三)明确学生工作管理柔性化的实践内容

柔性管理涉及的内容可谓是多方面的,主要有以下几点:心理、行为、环境、形象等各方面的管理,学生工作管理应从这里切入。

1. 实践中的心理管理

柔性管理有效性主要是靠心灵互动实现的,教师和大学生之间如果要建立感情,那么相互理解以及相互尊重是前提;以人格魅力和真诚打动学生是重点。心灵互动有利于师生在情感上产生共鸣;因为身临其境,所以才能体会被理解、被感激、被鼓舞的心情,进而推动工作、学习的前进。对于心理管理而言,在实际中,通常是运用情感教育、激励尊重、心理沟通以及舆论宣传等方式,强调的是润物细无声的教育方法,以对学生产生深远的影响,进而实现教师工作转化成学生自觉行为。

2. 实践中的行为管理

对于柔性管理而言,行为管理指的是目标的可选择性。这一管理的重点是进行行为结果的衡量,看最大潜力是否与结果相匹配,到达学校的最低标准与否。对整个管理工作来讲,过程与目标并没有什么直接联系,过程有可能实现管理目标,但是也可能造成目标背离。教学过程中,如果管理过于细节化或严格化,可能产生负面影响,造成学生的逆反心理或是逆反行为。除此之外,管理应注意方向性和可行性。所谓的方向性实则是结果,也就是我们所讲的奋斗方向,也可以说是未来的目标。如果没有明确的目标或者是方向不正确,从某种意义上来讲,不仅不能实现目标,甚至会让人们误入歧途。所谓的目标可行性,指的是恰如其分的目标,过高或是过低的目标都是不可取的,应该实事求是。另外,目标体系必须完善,这是实现目标的前提。管理应该在总目标指挥下进行,将目标进行细化,系统地落到实处。所以,进行行为管理目标制定的时候,总目标应该以学生目标为组成要素,将两者的利益相结合。总而言之,只要是学生完成了自身目标,那么学校的教育管理总目标也就真正实现了。

3. 实践中的环境管理

事实上管理也就是环境的维持,让群体在良好的环境中高效完成计划。从某种意义上来讲,主要是进行心理环境优化。教师的职责,就是要进行心理环境探讨,把握好学生的心理以及行为环境,使用科学的管理方式,进而实现学生心理氛围的优化建设,实现高效管理。心理环境是动态发展的,会因客观环境变化而改变,由此新心理环境产生了,进而导致新行为的产生。因此,要关注学生心理状况并展开成因分析,通过控制状态改变学生行为方式。

4.实践中的形象管理

在教育过程中,形象管理的含义是教育管理人员需要凭借自己的人格以及专业能力对学生形成典范和约束效果,从而达到教育的目的。在对现代大学生进行具体教育的时候,更多的是采用言教,而事实表明身教的效果更好。改革开放总设计师邓小平同志曾讲:"搞精神文明建设,最主要的是以身作则。"不管在什么时候、什么情况下,身教通过行为引导的方式进行启蒙教育的效果都是非常好的,然而这也只是实现了初级阶段的教育。教师若以身作则,就会对学生产生非常重要的影响。然而,要达到身教最理想的状态,教师必须提高自身综合素质,不断提高自身的影响力,努力培养自身较强的思想道德素质、高尚的职业道德素质,加强自身的专业知识水平,在大学生中树立一定的威信。与此同时,教师还要时刻警醒自己,不要出现损害教师形象的事。例如:具体管理过程中的决策失当、不稳重、行为随意;自身道德品质方面的媚上鄙下;文化学识上的弄虚作假、空谈虚伪等。

第三节　基于服务理念的高校学生管理创新实践

一、构建"三全"服务系统

构建"三全"服务系统,是基于服务理念的高校学生工作管理的有力保障。"三全"服务,即全员服务、全过程服务和全方位服务,分别从人员结构上、时间和环节上、内容和方法上为高校学生工作管理提供有力支撑。

(一)强化教职工服务学生职责,实现全员服务

所谓"全员"主要包括学生工作管理系统的人员、与学生事务相关部门的工作人员及学生本人。全员服务是指调动一切可以调动的力量,形

成全员参与、分工协作、责任清晰的服务群体,形成目标一致、要求一致、管理严密的育人工作管理体制。就人员结构而言,传统观念往往视学生工作管理系统的人员为学生工作管理者。但是,学生工作管理不是一种单一的工作,学生的成长也不可能靠某个机构及特定的人员就能完成。随着学生工作管理范围的日益扩大,学生工作管理的难度也在不断增加,这客观上要求学生工作管理必须具有全员性。只有把学生工作管理系统的人员、与学生事务相关部门的工作人员及学生本人组织起来,形成整体的服务阵容,才能形成合力,推动学生成长成才。当务之急,高校学生工作管理要将分散的工作职能凝聚起来,将分散在不同部门、与学生工作管理密切相关的事务重新进行整合。此外,整合校内外资源,重视利用和发挥校内外的专家、学者和校友的作用,为学生提供更加专业的指导和服务也非常重要。

(二)制订服务学生的整体方案,实现全过程服务

如果说全员服务是从人员结构上对学生工作管理的服务体系进行阐述,那么全过程服务则体现在时间和环节上。全过程服务,指学生工作管理者根据社会对大学生的素质要求和学生自身成长发展规律,分阶段、分层次、循序渐进地对学生进行教育、管理和服务。这就要求高校要制订服务学生的整体方案,根据不同年级、不同专业以及不同性别学生的特点,由低到高,由浅入深,循序渐进地分类指导。要将学生工作管理当作不断发展的过程,动态地对待学生的成长与发展。一是要按照不同年级制订整体方案。对大学一年级新生的工作重点是在引导学生适应大学生活、做好生涯规划、学习如何与人交往及文明行为习惯的养成等方面;对大学二年级、大学三年级的学生,工作重点在培养学生"三自"的能力,引导学生合理安排时间、做好职业规划等;对毕业班的学生则应该把重点放在职业咨询、就业指导和社会适应能力的培养方面。二是要在整体方案中突出特色和个性。服务学生的方案不是一成不变的,要根据不同专业、不同性别学生的特点,有针对性地开展服务。例如,在对女大学生服务的整体规划中,应根据不同时期女大学生的心理变化,添加她们需要或者感兴趣的内容。在刚入校时,可以引导她们树立正确的价值观,加强自我防范与自我保护意识;在毕业前,可为女大学生提供着装搭

配、求职就业等方面的培训。

(三)构建蛛网式服务系统,实现全方位服务

全方位服务是将服务理念渗透到学生工作管理的方方面面,运用于教育、管理、科研及党团建设等各个环节,形成全方位、多角度和多层次的蛛网式服务格局。一是坚持学生工作管理内容的全面性。深入学生日常学习和生活的各个方面,从学生入校前后的招生咨询服务和入学指导服务,到日常生活、思想引导、学习辅导、经济资助、身心发展服务,直到毕业前后的就业指导、后续发展等服务。二是坚持学生工作管理方法的全面性。要结合校园网络、校报、广播等媒体的宣传和支持,引导、帮助学生解决问题。此外,整合学校、家庭、社会等多种教育、管理和服务资源,调动一切可以调动的力量,服务学生的成长成才。三是根据不同学生的个性特点开展个性化服务。由于家庭出身、生活经历、性格爱好等方面的差异,不同学生呈现出明显的个性化需求,在开展学生服务工作时,就必须从学生个体的特殊性和差异性出发,既要实行全面性服务,又要重视个性化服务。

二、打造高效便捷的服务平台

在学生工作管理中,能否满足学生的需求,是考验一个平台是否适应学生工作管理发展的重要指标。学生最需要的是学业指导、心理咨询、就业创业指导、困难帮扶和法律咨询等几个方面的服务。所以,搭建大学生日常学习指导交流中心、心理健康教育与咨询中心、就业创业指导服务中心、困难帮扶中心、法律援助中心等平台,是高校学生工作管理的重要渠道,势在必行。

(一)创建大学生日常学习指导交流中心

学生到学校是来学习的,我们不仅要让学生成长成才、受到良好的教育,还要为他们提供优良的服务。为此,建立大学生日常学习指导交流中心,为学生提供学业指导服务是十分必要且非常迫切的。第一,要选拔和调动一切专业技能强、业务水平高的教师或辅导员到该中心轮班和定期或不定期走访,为学生答疑解惑。特别是要帮助学生解决好"为何学习""如何学习"等问题,搭建起师生间真诚沟通的桥梁,以人性化的教

育方式引导帮助学生树立明确的人生目标,克服学习生活中的困难,促进学生身心全面健康发展。第二,传统教育与现代手段相结合,激发学生学习兴趣。借助学习指导交流中心,总结并普及规律性的学习方法,引导学生充分利用现有的教学设施和资源,充分利用好图书馆,通过网络、电视、新闻和广播等多种途径获取知识,不断激发学生学习的主动性和积极性。第三,定期组织学习交流会和学术研讨会。邀请院系成绩优秀、表现优异的同学到中心参与互动,分享自己的学习方法和心得。定期举办学术研讨会,培养学生的创新意识和创新能力,提高他们的学习兴趣和科学研究能力①。

(二)完善大学生心理健康教育与咨询中心

随着我国政治、经济和文化的不断发展,社会的巨大变迁给学生心理造成较大冲击,学生学习、就业压力的不断加大,大学生的心理健康问题已然成为新时期高校学生工作管理的热点和难点。建立健全大学生心理健康教育与咨询中心,配置专业人员,组织开展心理健康教育,提高学生心理素质,显得尤为重要和紧迫。

1.要全面了解学生心理特点,有针对性地提供服务

根据学生在不同学习阶段和年级的心理需求以及存在的主要问题,有的放矢地开展心理健康教育工作。一是发放新生入学手册。该手册应包括新生入学心理调适的方法等内容,有助于新生较快地适应新的环境。二是在新生中开展心理健康普查,并积极开展朋辈心理辅导。大学二、三年级学生的心理健康教育的重点,是引导他们掌握心理调适的方法和技能以及如何处理好学习成才、人际交往、就职就业等方面的问题。大学四年级学生的心理健康教育,要配合就业指导工作,指导学生准确定位并认清自己的就业方向,做好就业的心理准备。为了预防和避免个体心理突发事件,心理中心收集需要特别关注的学生动态,建立相关的信息档案库,结合学生的心理特点,研究制订针对性强的帮助方案,确保每一名学生都得到及时有效的心理援助和咨询服务。

---

① 庞超,卢效坚,张庆文.浅谈服务育人理念在高校学生事务管理中的应用[J].才智,2020(16):244.

2.要以多样化的特色活动为契机,传播心理健康教育知识

通过举办特色心理健康教育活动,不断提高大学生的心理素质,强化广大师生关注心理健康的意识,营造互助关爱的和谐校园氛围。如定期举办专家心理讲座、知识板报展览、新生格言竞赛、心理影片展播,开展各种形式的心理教育、团体心理训练、咨询服务、心理治疗等,强化师生心理健康意识,营造互助关爱的校园环境。尤其要帮助有关学生树立积极的心态、解除心理困惑和压力、积极接受或主动自我调适、增强情感适应、树立交往和竞争的自信心等,从而以完善的人格、健康的心态走向社会。

3.要加强心理健康教育队伍的建设,不断提高咨询师的专业水平

确保学生心理健康,是一个具有挑战性的工作。学校心理健康教育队伍是一支不容忽视的力量,要努力在生活、学习、职称、待遇等方面为有关工作者创造条件,帮助他们不断提高心理辅导技能,让他们积极主动、心情舒畅地投入工作。加强心理健康教育队伍建设,是不断提高学生心理健康水平的前提条件。不断加大对有关工作者心理学知识和心理辅导技能的培训力度,引导越来越多的学生工作管理人员主动学习心理学知识和技能,主动参加心理咨询师资格认证考试,为心理健康教育与辅导工作的开展提供有利条件,让他们在普及宣传心理知识、预防心理疾病、协助做好心理异常学生的治疗等方面发挥作用。

(三)升级大学生就业创业指导服务中心

随着高等教育大众化进程的加快,大学生就业难的问题日渐突出,现已引起社会各界的广泛关注,并成为制约高等教育事业发展和影响社会稳定的一大因素。因此,如何完善毕业生就业服务体系,怎样充分发挥大学生就业创业指导中心的作用,在当下显得十分重要和紧迫。解决大学生就业难的问题,当务之急是完善学校就业创业指导中心的服务功能,有关人员要采用"走出去、请进来"的方式,给予学生更多、更实、更好的指导与帮助,多做实事,少说空话,切忌在学生就业率上欺上瞒下,弄虚作假。否则,学校的服务只会让学生感到虚无缥缈,只能让他们心灰意冷。

1. 要根据不同年级选取不同内容

根据不同年级学生的具体情况,应将职业与就业辅导内容进行合理的划分:大学一年级学生结合新生入学教育,主要由各院进行相应的专业介绍,帮助学生了解本专业方向、今后可能的职业方向和相关职业必备的职业素质;大学二、三年级学生的辅导内容应侧重于对自身、职业、职业生涯和社会环境、职业环境的认识,帮助他们客观地认识自己、了解社会;大学四年级毕业生主要对他们进行决策技巧和就业技巧的指导,如何准备个人简历、应聘面试技巧、如何维护自身的合法权益、如何做出科学的选择等,帮助他们提高求职能力、适应能力,能够更快地寻找并选择适合自己的职业。

2. 要根据不同年级选取不同方法

对大学一年级新生要把入学教育和专业教育结合起来;对大学二、三年级学生应以校级任选课程为主渠道,结合就业形势系列讲座和个别就业咨询服务,拓宽他们接受职业与就业辅导的途径,充分调动学生主动接受就业指导的积极性;对大学四年级学生应主要安排模拟招聘、当年就业态势讲座和个体就业咨询,从大规模的集体就业辅导到个体单独的就业咨询,以有效地帮助他们了解最新的就业信息、掌握实际的求职技巧,并且在遇到困难时可以获得教师科学的帮助。

(四)健全大学生困难帮扶中心

随着办学体制多元化和收费制度的改革,困难生的帮扶工作已经成为学生工作管理的重要内容。

1. 要以物质资助和精神激励为主线,促进学生全面成长成才

"扶贫先扶志",在学习用品、生活质量等方面,家庭困难学生处于弱势地位,心态容易出问题,需要学生工作管理者多关心、多了解,及时帮助他们解除困惑,引导他们克服自卑心理,树立正确的世界观、人生观和价值观,鼓励他们以自己的力量积极主动地战胜困难。

2. 要建立健全困难家庭学生认定机制,实现静态与动态管理

学校根据教育部、财政部以及省教育厅下发的指导意见,确定家庭经济困难学生认定工作的基本原则,制定和完善符合本校实际、科学合理、严格规范的家庭经济困难学生认定办法。第一,在学校资助工作领导小

组指导下,各学院、各年级、各班级也相应成立认定机构,为有组织、有计划地开展家庭经济困难学生认定工作打下良好的基础。第二,建立家庭经济困难学生谈话制度和家庭经济困难学生信息库。辅导员通过和学生及其周围同学谈话,初步摸清学生的家庭经济状况,并建立家庭经济困难学生数据库。随后实行电话调查为主和实地走访调查为辅的方式,定期了解学生的家庭经济变化情况,及时做出变更。通过静态与动态管理相结合,确保家庭经济困难学生的信息准确健全、及时更新,为后续资助工作的开展奠定良好的基础。

(五)建立健全大学生法律援助中心

随着社会法治的不断进步和学生维权意识的不断增强,如何为学生提供权益维护服务,成为现时高校学生服务工作的新议题。建立健全大学生法律援助中心,以专业法律人士为骨干,以法律专业学生为基础,以法律协会为依托,积极为学生提供法律咨询和援助,帮助学生解决法律问题、调解法律纠纷,保障和维护学生的正当权益。中心可设置法律咨询热线及信箱,收集学生身边的法律问题,然后将各种问题分类处理,请教专家或律师答疑,并做好与学生的互动交流。

三、完善服务学生工作管理保障机制

完善服务学生工作管理保障机制是保证学生工作管理得以正常、有序进行的必要条件。其要素主要包括制度保障、物质保障、环境保障等,各要素之间相互影响、相互补充和相互促进,虽然各自功能和作用不尽相同,但目标却殊途同归,都是服务学生工作管理提供保障的。

(一)制度保障

建立健全服务学生工作管理制度,旨在实现服务学生工作管理常态化和长期性,对于构建基于服务理念的高校学生工作管理保障系统有着举足轻重的作用,是规范和落实学生各项权利、义务和责任的重要条件。古人云:"凡事预则立,不预则废。"科学的服务学生工作管理制度,是维护学生合法权益的前提条件。如果无章可循,服务学生便是一句空话,教育学生履行义务,就是无稽之谈。因此,建立健全科学的服务学生工作管理制度绝不是一件可有可无的事情,必须在思想上高度重视,在工

作上不断加强、完善和狠抓落实。这样,才能使服务学生工作的理念深入人心,落到实处,从而形成学生工作管理"有所为有所不为"的充满活力的局面以及有序、和谐和稳定的学生工作管理氛围。一般来说,基于服务理念的高校学生工作管理制度的建设,可以分为宏观和微观两个方面。

1. 宏观制度

宏观制度是指党中央和国务院颁发的有关高校学生工作管理的纲领性文件以及教育主管部门制定和颁布的有关学生工作管理的行政规章、制度、条例等。如中共中央、国务院《关于进一步加强和改进大学生思想政治教育的意见》(中发〔2004〕16号),这个文件的内容涵盖高校学生工作管理的指导思想、主要任务、教育原则、教育途径、教育方式等方面,提出了许多新观点、新任务、新目标、新措施和新要求,是做好新形势下高校学生思想政治教育工作的纲领性文件。再如教育部印发的《普通高等学校学生管理规定》《高等学校学生行为准则》和《普通高等学校学生安全教育及管理暂行规定》等,是高校制定本校学生工作管理行为规范、学生纪律、日常管理、奖学金评定等制度的主要依据,是新形势下指导高校服务学生工作的基础性文件。党和政府及其部门制定的制度,在维护学校正常的教学秩序、生活秩序和为学生管理提供有力保障等方面,都有着非常重要的作用。通过约束和修正学生的行为,建设学生活动场所,如组织活动、提供学术和非学术性咨询服务等,教导学生主动担当责任,自觉履行义务,养成健康向上的生活方式。

2. 微观制度

所谓微观制度,是指在我国现行教育体制和环境条件的制约下,学校和院(系)或班级为实现某种目标或解决某项问题,有针对性地编制的规章制度。微观环境的制度建设有利于推动校风、院(系)风、学风和班风建设,是高校宏观制度的细化与补充。一般而言,微观的学生工作管理制度系统,应联系招生就业、学生日常思想政治教育、学生行为管理和学生服务等方面的实际,建立健全校级学生工作管理制度、院(系)的学生工作管理制度、班级管理制度、辅导员管理制度和班主任管理制度等,为整个学生工作管理的系统运行提供条件和保障。

(二)物质保障

高校学生工作管理是一个复杂的系统,各个环节都需要一定的物质支撑。学生工作管理的物质保障至少包括两个方面,即经费保障、软硬件设施保障。如果把学生工作当成一台机器,那么学生工作经费则是燃料,是保证学生工作良好运转的基础。

1.经费保障

高校普遍存在"重科研教学,轻学生工作"的现象。用于学生服务方面的经费是不足的,这与高校学生工作管理的地位、作用很不相称,不仅妨碍了高校学生工作管理服务体系的建设,还制约了服务质量和服务效率的提高。按照加强服务、转变职能的要求,高校应加大费用投入力度,并在年度预算中划拨整个学生工作管理服务体系运作所必需的经费,用于学生工作管理部门开展日常思想政治教育、学生管理、学生服务的自身建设,思想政治教育工作专项课题研究,思想政治理论精品课程的建设,大学生素质教育基地建设,学生工作队伍的建设以及全员育人的评选和表彰等事务。学校应当多渠道筹措资金,如积极争取国拨专项经费和地方财政拨款;同时整合社会资源,争取更多的社会捐赠,如校友、企业和社会名流等在学校设立助学金、奖学金和科研基金。高校建立专门的筹资机构,利用社会资源在法律允许的范围内积极进行市场运作,寻求社会各界的财力支持,为高校学生的科研、奖贷困补等工作提供充实的资金保障。同时,要加强经费管理和监督,做到科学划拨,合理开支,严防浪费。

2.软硬件设施保障

高校应高度重视学生工作辅助设备和硬件设施的建设,应将学生活动场所和学生工作场所的基本设施建设列入学校建设总体规划,改善校园生活环境,实施校园绿化、美化、亮化工程。同时,还要加大学生工作管理设备、设施的投资力度,改善服务环境,建造设施完备的学生事务服务中心,配置快捷校园网络平台,为学生提供精细化、速度化服务。

(三)环境保障

充分发挥社会环境、家庭环境的辅助作用,构建家庭、社会、学校三位一体的高校学生工作管理立体育人的环境。为此,应加强以下三个方面的工作。

1.充分开发校友资源

校友资源是人、财、物相结合的综合性资源,为高校学生工作管理提供人才资源和智力支持,又可带来财力、物力的保障。校友是高校服务型学生工作管理的重要支持力量。要注重校友资源的开发,要加强与校友的信息沟通,在学生在校期间,就要加强与学生的感情维系;同时,要加强在校生与校友的互动,使校友与在校学生共同探讨校园精神文化的传承和延续。

2.充分利用家庭教育的辅助作用

加强建立高校和学生家庭联系的工作机制,通过成立家长委员会,就学生成长成才过程中出现的问题开展共同探讨,提出加强和改进学生工作管理的意见和建议。同时,加强与学生家长的沟通、协调工作,与学校教育引导形成合力。

3.社会专业人士的支持

要结合专业、学科特色,积极争取社会专业人士参与到学校的教学及对学生的指导中,使学校的专业教育、素质教育与社会教育有机结合,为学生工作管理运行提供有效的社会环境支撑。

四、创建专业服务队伍

走专业化、职业化、优质化道路,既是培养社会主义现代化建设合格人才的必然要求,也是加强和改进高校学生工作管理队伍建设的必然趋势和根本保证,是由新时期高校学生工作管理的新问题、新矛盾和新情况所决定的。没有一支过硬的队伍,学生工作管理就难以适应新形势、新任务和新需求。目前,以下几个方面尤其值得有关方面重视。

(一)坚持高标准选人原则,严把学生工作管理者入口关

一名合格的学生工作管理者既要具有专业知识,又必须有扎实的理论功底、能够掌握心理危机干预技巧、职业测评技术等相关知识和技能。同时,高校学生工作管理队伍也是高校培养的具有一定管理能力、富有团队合作精神的高素质业务骨干和党政管理干部的后备力量。所以,必须严格按照政治强、业务精、作风正、素质高的要求,慎重选聘学生工

管理者。

1.严格掌握学生工作管理者的任用标准,做好学生工作管理者的选拔任用工作

申请从事学生工作管理的人员应具备以下素质:有一定的政治理论素养,作风过硬,热爱学生工作,系中共党员;文字和语言表达能力强,有一定的组织协调能力和社会活动能力,有学生工作管理的经历;必须具备大学本科(全日制)以上学历、学士以上学位。

2.重视学生工作管理者来源的广泛性

既要吸收外校优秀应届毕业生,也要注意选用本校的优秀应届毕业生,保持学生工作管理队伍的动态平衡。因为新陈代谢,吐故纳新,是自然界的客观规律。学生工作管理要想有活力,就需要一支朝气蓬勃的学生工作管理队伍,而学校内部和学院之间的合理流动,可以促进学生工作管理者的相互交流、学习借鉴、技能提升和良性发展。学校要根据学生工作管理发展的需要和方向,支持、鼓励和推动学生工作管理者不断学习,为打造专业性和职业化的学生工作管理队伍打下坚实基础。

3.学生工作管理者的选拔要与专业教师引进培养相结合

这样能在保证学生工作管理队伍相对稳定的情况下学生工作管理的自身发展和正常流动,并使学生工作管理队伍不断充实新生力量。

(二)加强专业化管理,提高学生工作管理者自身素质

1.加强职业化管理

一是树立良好的职业形象。高校学生工作管理者必须身体健康,朝气蓬勃,脚踏实地,求真务实,勇于进取。二是树立崇高的职业理想。要有"把职业当事业,把事业当生命"的志向;还要有实现从"职业者"到"专业者"过渡的胆识以及由"专业者"到"专家学者"转变的勇气。三是加速职业技能的培养。在实践中不断提高调查研究的能力、思想宣传的能力、组织协调的能力和解决问题的能力。

2.加强专业化培训

学生工作管理目前虽然还不是一门独立的学科,但其工作对象不尽相同,工作条件千差万别,工作内容错综复杂,工作时空变幻莫测,这就

决定了学生工作管理者必须是"杂家""通才",必须在实际工作中能够综合运用思想政治理论、管理学、教育学、心理学以及相关自然学科的知识。没有广博的知识和必要的工作技能,要么事倍功半,效果不佳;要么一事无成,事与愿违。所以,应通过有效的培训,让学生工作管理者形成蛛网式知识结构,掌握现代化的工作方法和手段。

(三)整合资源,打造专业服务队伍

高校学生工作管理队伍,是高校培养具有一定管理能力、富有团队合作精神的高素质业务骨干和党政管理干部的后备力量。作为一名合格的学生工作管理者,既要有扎实的理论功底,又要有丰富的实践经验,能够掌握心理危机干预技巧和职业测评技能等。

1. 要建设一支专兼结合的学生工作队伍

根据学生工作管理现状,应对辅导员实行分层管理,即学生咨询服务工作者由学生工作处或团委直接管理;对负责学生党团工作、思想政治教育以及本系学生相关活动等工作的人员,实行双重管理,即院(系)与学工处共同管理。这样做的好处在于:可以加强辅导员与学院其他老师之间的纵向交流、横向沟通,增进相互了解,扩大相互联系,从而为辅导员有的放矢地开展学生工作奠定基础。因此,可以从行政人员、任课老师、学生中选拔一批热爱学生工作、热心、有责任心的教职工或高年级同学担任兼职辅导员或班主任,形成齐抓共管的机制。同时,要进一步加强心理健康教育与辅导中心的专职师资力量建设,配备一定数量的具有硕士以上学历的专职咨询师。此外,要不断壮大兼职心理咨询队伍的力量,鼓励辅导员向心理咨询职业化、专业化、专家化发展,为他们的成长成才创造条件。

2. 加强职业指导师资队伍建设

唯物辩证法认为,事物是发展变化的。要适应新的形势和新任务的要求,就必须在实践中不断完善和提升。把好职业指导师资队伍入口关,只是"万里长征的第一步",更重要的是加大培训力度,不断提高就业指导教师的整体素养。而这是一个长期而艰巨的任务,必须在思想上高度重视,在工作上常抓不懈,在措施上有条不紊,在方法上灵活多样。

(四)加强培训,保证服务队伍与时俱进

1.抓好岗前学习培训

对新上岗的学生工作管理者,要加强教育学、心理学、管理学、政治学的学习,充分发挥专家、经验丰富辅导员的积极作用,为新同志配备指导教师,开展传、帮、带活动,培养年轻一代的辅导员尽快熟悉工作、进入角色。

2.抓好在职学习培训

高校学生工作管理面临着各种新情况和新要求,要成为专业化、专家化、职业化的学生工作管理者,需要加强培训、交流和多岗位、多部门的锻炼。学校教育主管部门可以依托国家或地方的资源,组织境内外的考察、交流和专题培训,也可以依托辅导员培训基地,开展学历学位培训和专业技能培训,组织研讨会、论坛、挂职锻炼等方式,加强不同高校学生工作管理者之间的交流。学校要根据岗位特点和工作需要,对在职人员分类制订培训计划,实行挂职锻炼或集中进修培训,提高学生工作管理队伍的思想政治素质和业务水平;辅导员要发扬挤和钻的精神,加强学习,搞好调查,争取科研项目,强化科研能力,这是学生工作管理队伍知识化、专家化的有效途径。

五、实现学生"三自"

大学生的自我教育、自我管理和自我服务("三自"),主要是指大学生根据社会发展的客观要求和自身成长成才的需求,运用科学的管理方法,开展的一系列以完善自我为目的的认知和实践活动。实现学生的"三自"是学生工作管理的最高境界,是高校学生工作的教育、管理和服务的必然趋势和理想状态,也是学生工作管理不断完善、不断发展的阶段性目标。学生要实现"三自",就应根据学校教育培养目标的要求,在教育者的指导下,运用现代科学的教育、管理、服务方法,对自己的思路和行为进行自我调节和自我控制。这既是学生自行决策、组织、实施的一种教育方式,也是学生对自己进行设计规划、管理约束、潜能开发及基本素质培育的过程。

(一)加强引导,让学生学会"自转"

1.要帮助学生掌握"自转"的方法

一是培养和增强学生的独立意识,凸显学生主体地位,调动学生"三自"的积极性和创造性。避免保姆式教育,逐步消除学生对家庭、社会和学校的依赖心理,使学生更加自尊、自信、自立和自强。二是要增强学生自省、自制和慎独的能力,营造学生为自己的行为负责的环境和氛围。通过科学的引导和严格的管理让学生真正认识到对自己负责的重要性,树立和培养他们管理自己、管住自己和管好自己的意识和责任感。这是学生将学校、社会、家庭和个人对自身培养目标的要求和学生工作者围绕这些目标对学生实施教育、管理和服务的行为,内化为自己对自身在教育、管理、服务和发展方面要求的过程。在这一过程中,学生对自己的行为要负责,对由自身行为引发的问题的责任,教育管理部门可以通过协议、承诺书等形式加以明确,以校纪校规的形式加以规定。从另一个角度看,学生自身行为引发的问题交给学生处理,作为学生工作管理者只是起到引导、指导、咨询和协调的作用,这样就可以缩小教育、管理空间,提高教育、管理与服务的效率。三是要通过各种渠道和方式,帮助大学生树立正确的世界观、人生观和价值观,形成高尚的道德情操和良好的心理素质。深入学生当中,了解他们的所思所想所需,有针对性地帮助和引导他们处理好学习与实践、交友与择业、身体与心理等方面的具体问题,提高认识水平和精神境界。引导学生反思人生,让学生回顾、思考、评价自己过去的言行,思考和自我总结,丰富和完善自我。四是加大学生工作管理透明化进程和宣传力度。让学生能够清楚地看到学生工作管理到底包含哪些方面的内容以及自己能够享有的权利与义务,将学生工作管理清晰化、步骤化、流程化和透明化,坚守传统媒体如校报、广播、宣传栏等不放松,合理运用新型媒体如校园网、移动设备等,让学生更加了解自己,更加了解学生工作。

2.创造学生"自转"的条件

高校要为学生"三自"提供参与实践的机会,打造参与自我管理和自我服务的平台。大学生自我管理是通过学校提供各项学生工作管理岗位、搭建的学生组织平台来实现的,如勤工助学岗位、社会实践团队、学术研究团队、创新创业团队,各学生干部组织、学生社团组织、学生自管委员会、学生创新实验室和工作室等。这有助于提升和培养学生自我管理的能力,主要体现在三个方面:一是有利于培养学生的生活自理能力。引导他们逐步摆脱依赖和依附学校、老师和家人的心理,树立独立生活的意识,为将来走向社会打下坚实基础。二是有利于培养学生的自主学习能力。激发学生学习的主人翁意识,变"要我学"为"我要学",不断增强社会责任感和历史责任感,强化学习的内在动力。三是有利于培养学生的社会活动能力。从高等教育发展规律和实践的角度看,学生的成长成才,只有通过自己的主观努力和积极实践才能实现。无论是知识的获得,还是能力的培养,或是良好行为习惯的养成,都是在"内化于心、外化于行"的基础上,通过自我调节和自我控制不断提高社会实践活动、组织策划管理和人际交往等方面的能力。

(二)健全机制,激发学生乐于"公转"

"公转"是指大学生参与到学校的教育、管理与服务工作中来,自我教育、自我管理和自我服务的同时,也教育、管理和服务他人。学生既作为"三自"的主体,同时又是"三自"的对象。学生工作管理者要了解和认识大学生的个性与特性,尊重学生身心发展特点和成长成才的发展规律,不断满足学生各个方面的需求,促进和引导他们向更加积极、健康的方向发展。传统的学生工作管理通常视学生为教育和管理的对象,在内容上偏重对问题的管理,重事后管理,轻日常教育、预防和引导,以学生不出问题或少出问题为原则。过分强调学生在接受教育和管理方面的统一性和自觉性,忽视了为学生的成长和发展创造条件、搭建平台。凡此种种,都不利于学生"公转"。

1. 建立健全参与学生工作的激励机制

一是要制定公正、合理的选拔制度。鼓励更多学生参与到学生工作管理中来,争取让学生工作管理的每一个环节都有学生参与。选拔一批思想觉悟高、学习成绩好、工作能力强和服务意识高的学生参与到学生工作管理中来,改变学生在学生工作管理中的被动和从属地位,学生工作管理的事务性工作让学生自己制定规则,自己决策并完成。思想觉悟高是做好学生工作的前提,只有思想认识到位了,才能更有效地指导实践,才能协助学生工作管理者做好学生思想教育和管理工作;学习成绩好是搞好学生工作管理的保证,学生在校期间的主要任务是学习,搞好学习的同时参与学生工作管理是对学生能力的锻炼;工作能力强是更好地为学生服务的保障,良好的人际关系处理能力、组织协调能力、实践操作能力和沟通能力是提高学生工作管理效率和效能的必要条件。在这种模式中,学生既是教育者、管理者和服务者,又是教育、管理和服务的对象。学生在这种角色转换中不断地提升自我教育、自我管理和自我服务的意识,增强自我约束、自我管理能力,提高教育他人、监管他人和服务他人的责任与信心。二是要制定激励机制。对于表现突出的学生予以奖励并广泛宣传,一方面,有利于调动他们参与管理、服务学生的积极性,将更多热情投入学生工作中来;另一方面,可以吸引更多的学生关注甚至参与进来。三是要充分尊重和听取广大学生对学校教育、日常管理和引导服务的建议,根据学生的意见和需求不断调整工作方向和重点,优化自我教育、自我管理和自我服务的目标,促进学生全面发展。

2.培养一支有能力、敢担当的学生骨干队伍

学生骨干包括了在校、院(系)学生会、团委、分团委中担任职务的优秀学生,院(系)党支部、班级党支部、党小组的学生党员以及班级班干部、团干部等。学生骨干队伍是高校学生工作管理队伍的重要组成部分,是辅导员、班主任的左膀右臂和得力干将。在引导学生的自我教育、自我管理和自我服务中担当重任,在各项活动中发挥着积极作用、表率作用和核心作用。随着学分制的推行和在高等教育大众化的历史背景下,高校学生骨干越来越成为学校各项工作不容忽视的一大力量,发挥着重要作用。一要发挥学生党支部作用,充分体现学生党员的先进性。加强对学生党员的教育和管理,提高学生党员自身素质,树立学生党员在学生中的良好形象。发挥学生党员作用,自觉维护学院的教学、管理和生活秩序。突出团组织的教育功能,不断提升青年学生的综合素质。党支部根据青年特点,服务学生成长需要,帮助和指导团总支不断优化常规教育活动,探索生动活泼、扎实有效的活动新载体,营造良好的校园文化氛围,丰富学生的课余生活,同时发挥学生特长,培养学生创新能力,促进学生全面发展。二要充分发挥学生会、社团联合会等学生组织的作用,让学生组织成为学院真正的家。学生组织根据学生需求和学院

要求,在学院团委的指导下,自主开展工作和活动。通过实践活动,使学生干部得到进一步的教育、培养和锻炼,不断发挥引导学生自我教育、自我管理和自我服务的作用和功能。学生会、社团联合会等学生组织是一个方便学生成才与发展的服务机构,在这里既方便学生处理相关事务,又营造了一个规范、和谐、有利于学生发展的空间,让学生的个性发展和学校的规范管理相协调,让学生在接受管理和服务的过程中感受和谐,体验成长,接受教育。

第五章　信息时代背景下高校学生管理模式实践

第一节　信息时代对高校学生管理模式的影响

近年来,互联网在我国得到了迅速普及和发展,对高校师生的学习生活,乃至思想观念都产生了广泛而深刻的影响。对于学生管理,一方面,互联网的普及和发展为高校学生管理工作提供了发展创新的机遇;另一方面,互联网的普及和发展也带来了一些新的问题,对学生管理工作形成了极大的冲击和挑战。在这种形势下,系统分析互联网所带来的机遇和挑战,探讨应用互联网开展学生管理工作,具有鲜明的现实和理论意义。

一、互联网为高校学生管理工作创造新的机遇

目前,我国高等教育存在的大众化、个性化、终身化、实用化等问题,都有望借助网络的普及而得以改变。具体说来,这些问题解决的可能性主要体现在以下几个方面。

第一,网络将激发学生学习兴趣和好奇心,增强学习主动性,从而使学生"自学自教自用"的能力得到较大提高,同时可以帮助教师及时更新教学内容,提高教学水平,改进教学方法,发挥"教与学"的有效性。

第二,网络高等教育的出现打破了传统教育的时间和空间限制,使高等教育的大众化和终身化成为可能。

第三,互联网普及和发展使个性化教育、按需学习成为可能。

第四,教学模式将从"教师教,学生学"的模式向学生"自学、自教、互教"转变,向教师"引导为主,教授为辅"的模式发展。

高校学生管理工作作为教育的重要组成部分,也必然受到高等教育模式转变带来的影响。近年来,学生管理工作面临诸多困境:管理方式

方法单调老套,不具创新性;管理内容枯燥陈旧、理论脱离实际的现象突出;学校管理与社会管理脱节,管理社会化问题等。简言之,这些问题也希望能借助互联网得以解决。与传统的学生管理工作相比较,应用互联网开展学生管理工作为学生管理工作的开展提供了巨大的空间,表现为以下几个方面:①拓宽和丰富了学生管理工作的内容;②促进了学生管理工作方式、方法的转变;③开辟了学生管理工作的新途径;④创造了学生管理工作的新环境。

可以说,利用网络开展学生管理工作是适应社会发展的需要,也是学生管理工作自身多样性、综合性和时代性等特征所决定的。

二、互联网为高校学生管理工作带来新的挑战

在推进高校学生管理工作过程中,互联网着实给学生管理带来了不可忽视的挑战,主要表现为以下几个方面。

(一)对大学生政治观、价值观的影响

不可否认,网络以现代化的形式和手段将德育的内容具体化、生动形象化,对大学生学习政治理论、培养坚定正确的政治观和价值观起到了积极的推动作用。但是,网络对大学生的政治观、价值观也带来了消极负面的影响。

在互联网时代,青少年学生虽然知识丰富、爱国热情和社会责任感高,但由于其经验和阅历有限,对国情、世情体察不深,对网上出现的一些社会现象认识不深或片面,容易被西方宣传的思想渗透而西化。

大学生很容易在网络上接触到资本主义的宣传论调、文化思想等,思想处于极度矛盾、混乱中,其人生观、价值观极易发生倾斜,从而滋生全盘西化、享乐主义、拜金主义、崇洋媚外等不良思潮。

(二)对大学生道德观、法治观的影响

高校学生管理工作的重要任务是提高大学生的道德文明程度,培养大学生良好的道德品质和法治观念,树立正确的恋爱婚姻观,培养职业道德和家庭美德。网络的应用促进了高校德育理论与实际结合,也深化了大学生的道德观和法治观,但网络带来的问题也不容忽视。

第一,社会责任弱化。互联网创造出来的虚拟社会为大学生群体提供了极大的自由度,这种虚拟环境往往会使他们忘记自己的社会角色和社会责任,从而做出一些不道德甚至违法的事情[1]。

第二,道德冷漠。如今,越来越多的大学生沉迷于聊天交友及各种电子游戏,减少了与他人进行可视性、亲和感的人际交往,这样容易使其对他人和社会的幸福漠不关心,失去幸福感知。另外,虚拟社会的非人性特点也易使大学生的人性受到影响。

第三,恋爱婚姻游戏化。带有游戏色彩的网恋在大学生中盛行已久,接着又出现网上同居、网婚等,在虚拟社会如此,回到现实社会更应引起高校管理工作者的高度重视。

(三)对大学生心理健康的影响

网络对大学生心理健康的影响主要表现为因痴迷上网而带来的一系列心理问题,如网瘾等。网瘾与其说是一种生理问题,不如说是心理问题,属于一种强迫症。由于互联网是开放性的、跨国界性的,其内容特别丰富,有信息类的、有游戏类的、有互动交流类的、有商务类的,等等。不同的内容对大学生心理健康产生不同的影响。

(四)对大学生生活的影响

通过开展高校大学生日常生活的规律和时间安排以及网络对大学生生活的影响的调查,结果显示:第一,在闲暇时间及食宿时间的安排上,参与调查的学生中,有52%的学生选择在周末空闲时间上网。无论是网吧还是学校电子阅览室,每到周末生意都异常火爆。学生经常出去通宵上网,影响了他们的食宿。在通宵上网的过程中,就靠吃一点泡面,喝一点矿泉水维持一夜的活动,这不仅影响了学生的学业,更危害了学生的身体健康。第二,在网络游戏对大学生的影响上,一方面网络游戏是对紧张学习的一种自我调节和放松。面对繁忙的学习任务和就业压力,学生适当地玩游戏可以缓解压力;另一方面,网络游戏也易使人沉溺其中,进而玩物丧志,扭曲一个人的心智。第三,网络加剧了大学生的攀比

---

[1]吴明生.信息化环境下高校学生教育管理模式转变与应对策略[J].山西财经大学学报,2022,44(S1):118-120.

与浪费。随着电子商务的普及,网购已经成为大学生购物的重要方式,虽然这种购物方式为人们的生活带来了方便,但也无形中增长了大学生的攀比意识和浪费行为。由于网购是电子付款,如通过支付宝、余额宝付款或通过银行卡转账等,这种不以实物货币作为交换的购物方式很容易让学生对金钱没有太大概念,在花钱时大手大脚。并且当网购上瘾时,必然会买一些重复的、不必要的商品,从而造成一定程度的浪费,特别是那些对服饰感兴趣的学生,往往会在着装打扮上比较注重,花较多的钱在衣服的采购上,更会造成学生间的相互攀比。

(五)对大学生学习的影响

随着信息技术的发展和完善,网络时代已经来临。然而,网络是一把双刃剑,虽然促进了大学生的成长与发展,但也对大学生的成长产生了不少负面影响。网络介入生活,已从多方面影响并改变了大学生的生活方式。一是生活场所的改变。网络出现以前,大学生的生活空间是一个固定的圆圈——寝室、教室、图书馆和食堂;而今,圆圈里的图书馆为电子阅览室或手机所取代。二是闲暇时间利用的变化。以前,无论是在网吧还是学校电子阅览室,每到周末生意异常火爆,大多学生原来用在图书馆的闲暇时间现都被用在网吧、宿舍电脑、个人手机或电子阅览室了。三是食宿时间和质量的变化。由于网络的独特魅力,很多大学生禁不住诱惑,经常在宿舍通宵游戏(手机或电脑),有的为追求竞技和网速的快感,甚至去网吧通宵上网,尤其是周末,在通宵上网过程中,他们大多靠吃泡面、喝矿泉水维持一夜的活动。这样一来,不仅影响了大学生学业,也危害了大学生健康。

互联网技术的迅速发展,给我们提供了一个千载难逢的机会,为我们大学生开启了一个全新的学习时代,网络空间转变为另一种形式的学习空间。人们把数字化学习资源进行精心设计,可以在不干扰学生的情况下,完整、客观、精细、持续地记录着学生的在线学习行为数据。面对信息化、知识化的快速发展,网络化程度的不断加深,丰富化、多元化信息资源的冲击,大学生学习能力受到了巨大挑战,这是我们当前急需应对的问题。

(六)对大学生管理模式的影响

第一,传统模式的改变给学生管理工作带来难度。现在电视、电台、网络等媒体无形中改变了学生的认知和价值观的走向,信息多元化,价值观多元化,给高校学生管理工作者带来很多问题。新媒体的出现改变了原有的管理教学模式,为了更好地进行思想政治教育,学生管理工作者要积极准备好新的姿态面对新的挑战。

高校学生管理工作者要努力学习网络工具的应用,加强学生的思想品德建设,要有效利用网络教育渠道和平台,帮助学生树立正确的"三观"。

第二,学生管理工作的主体地位受到威胁。随着大学生上网时间不断增加,网络已经成为其生活的一部分。网络的多元化影响着大学生思维方式的多元化,致使思想政治教育的主体地位受到了一定威胁。浩瀚的信息资料虽然开阔了学生的视野,但信息鱼龙混杂,所以高校学生管理工作者要做好充分的心理准备,主动占领思想政治教育主阵地,变被动为主动。

第三,学生个体行为的改变。互联网虽然克服了地域、时间的约束,但其中的信息良莠不齐,容易误导学生的思维方式。如果高校学生管理工作者不能完全有效过滤虚假信息,就会对学生个体行为造成不良影响。青年大学生还未完全接触社会,涉世不深,对网络道德和法治观念意识不强,所以高校学生管理工作者要加强网络安全教育引导,帮助大学生正确看待和运用网络资源。

(七)对学生管理工作者素质的影响

当今世界,网络已经成为西方国家对我国意识形态进行文化侵略和渗透的重要途径。面对复杂的国际政治局势、快速发展的网络科技、思想日益复杂的受教育者,高校学生管理工作者的政治素质、电脑技术、能力水平正接受着严峻的考验。第一,高校学生管理工作者必须跟上时代发展的步伐,如果孤陋寡闻,不善于捕捉网上各种各样的思想信息,不善于去伪存真,有的放矢,就会使学生管理工作的有效性大打折扣。第二,高校学生管理工作者如果没有坚定的政治信念,没有对共产主义的崇高信仰,就容易在形形色色的网络文化中丢失自己,误导学生。第三,高校学生管理工作者如果没有熟练的电脑技术,不善于借助最新的软件工具,必然无法满足思想政治教育工作的需要。思想政治教育工作者作为促进学生健康成长的导师,也是学生学习的榜样,只有不断地学习,提高认识,提升能力,才能成为一名合格的思想政治教育工作者。

借助新媒体工具开展思想政治教育工作,传播正能量,还需要高校学生管理工作者具备一定的网络应用能力。因此,在一定程度上,必须对高校学生管理工作者加强电脑及网络建设等技能培训,同时高校学生管理工作者自身要主动充电学习,积极为学生树立学习榜样,才能在日常的工作中发挥好网络优势,才能提高管理工作效率。

第二节　信息时代高校教育教学模式的转变

一、教育信息化已成为提升教育发展水平的重大战略举措

我国将推进教育信息化纳入国家"互联网+行动计划",启动国家"互联网+教育行动计划",大力推动互联网、云计算、大数据、物联网与教育相结合,这既有利于全面推进国家教育信息化进程,又有利于创造世界上最大的教育信息化服务市场。教育信息化已成为当今世界各国提升教育发展水平的重大战略举措。

第一,教育信息化正在深刻地改变着人类社会的教育理念和教育形态。线上教育与线下教育相结合、移动学习与固定学习相结合、集体学习与个体学习相结合、独立学习与团队学习相结合、知识学习与能力培养相结合等正在成为现实。由此可见,教育信息化已成为引领教育理念和教育模式深刻革命的引擎。

第二,教育信息化正在成为促进教育公平、提高教育质量的有效手段。世界各国普遍把教育信息化作为缩小数字教育差距、实现优质教育资源共享、促进教育均衡发展的战略选择。

第三,教育信息化已成为创造泛在学习环境、构建学习型社会的必由之路。教育信息化为人们的移动学习、终身学习提供了可能。

第四,教育信息化正在成为解放教育生产力、提高教育评价和管理效能的重大技术手段。

随着大数据、云计算、互联网、物联网技术在教育中的运用,特别是在线教育、翻转课堂、微课程等以网络信息技术应用为支撑的新的教育模式在大中小学教育的大量运用,教育界正在迎来教育信息技术革命的新时代。现代信息技术在工业制造业领域的应用促使智能工厂的出现,一种新的教育形态——智能教育正在向我们走来。智能教育就是用现代信息技术和人工智能技术武装教育,最大限度地提高教育的智能化水平。可以说,我们已经看到了云技术、大数据、互联网、物联网技术和人工智能技术在学生学习、教师教学以及教育教学评价、管理等方面全面应用的光明前景,看到了用技术改变教育的现实可能。

进入新时代以来,国家在推进教育信息化方面采取了一系列重大战略举措,大力推进"三通两平台建设"的国家教育信息化战略实施。"三通"即"宽带网络校校通,优质资源班班通,网络学习空间人人通";"两平台"即建设教育资源公共服务平台和教育管理公共服务平台。2014年,教育部等五部门又出台了《构建利用信息化手段扩大优质教育资源覆盖面有效机制的实施方案》,对如何推进"三通""两平台"建设做出了具体的战略部署。大力推进教育信息化有两大关键:一是电信运营商提供的网络带宽建设,即国家教育信息化战略所规划的"三通",只有实现了"三通",教师和学生才能享受教育信息化服务;二是网络运营商提供的以硬件服务器为支撑的课程资源平台和管理平台建设。

二、全面推进国家教育信息化有利于优质教育资源均衡发展

第一,要解决教学资源不均衡的问题,加速实现各种优质教育资源的集成共享。要充分利用信息技术,积极进行混合式教学的探索和实验,建立高校之间优质数字化资源共建共享机制。国家精品视频公开课程和精品资源共享课程向高校免费开放。大规模在线开放课程建设、教学资源平台建设等可以扩大优质教育资源受益面,使高校学生能够参加国内外著名大学网络课程的学习;精品资源共享课、视频公开课等可以提升一大批中青年教师教学水平。

第二，要建立以学生为中心的新型教学模式，强调学生主动性、学习灵活性和教师的辅助性。大数据背景下，以互联网信息技术为核心的各类教学模式和学习方式不断呈现，如"微课""慕课""翻转课堂"等。在"互联网+"背景下，教育已不是传统的线性模式，而是非线性、模块化、可定制的，学生可根据自身的需求、兴趣选择学习内容。对高校而言，这就需要利用互联网技术、大数据技术整合不同资源，开展启发式、探究式、讨论式、参与式教学，建立起以学生为中心的教学模式[1]。

第三，要推动高校相关专业建设，加快培养互联网领域专业人才。把互联网技术、物联网技术、云计算、大数据、数字制造技术、智能制造技术等相关知识纳入高校的公共基础课教学，提高大学生的互联网知识水平。在高校或企业建立涵盖3D打印技术、智能家居技术、可穿戴技术、智能制造技术、物联网技术的"创客中心"或"创客平台"，引导大学生开展创新创业实践活动，从而实现创新与创业相结合、线上与线下相结合。

三、网络文化已成为影响和谐校园文化构建的重要因素

网络日益成为我们生活的一部分，网络文化已经成为一种流行文化。网络媒介因而具有了丰富的文化内涵。"文化"这一概念拥有多种定义，文化可以说是一种特殊的生活方式的描述。这种描述的范围不仅包括艺术、思想等经典范畴，还包括一些日常生活行为中的某些意义和价值。既然文化是一种生活方式，网络文化也就是互联网所形成的一种生活方式。由于这种生活方式以网络互联为基础，以获取信息为目的，因而网络文化一般也可以看作一种不分国界、不分地区，建立在"互联网+"基础上的信息文化。

对和谐社会的倡导与研究已有大批深入的、权威的文献。知识经济时代，教育不仅是推动社会经济发展的重要动力，还是促进和谐社会建设的重要力量。和谐的校园文化既是构建和谐校园的基本目标与内涵，又是构建和谐校园的基本途径与模式。和谐校园的本质属性是文化和谐。建设和谐的校园文化不能无视网络文化的影响。

关于网络对青少年的影响，已有多项研究成果，戒除网瘾是一个社会

---

[1]董梅娜.探讨高校学生管理工作信息化模式[J].知识窗(教师版),2018(10):47-48.

话题;网络文化对和谐社会建设的影响已引起人们的广泛关注,有的省份还举办了"网络文化节"。网络文化对和谐校园建设的影响也已引起人们的关注。中共中央、国务院《关于进一步加强和改进大学生思想政治教育的意见》中提出,主动占领网络思想政治教育新阵地。但关于网络文化对构建和谐校园的效应,较为全面和深入的分析文章还较为少见。

四、互联网技术已成为变革传统教育管理方式的助推器

与教育史源远流长相比,互联网的历史是短暂的。人类教育的历史几乎与人类的几千年文明史相当,互联网的出现、普及、应用都与教育密切相关。自2012年以来,网络教育业逐渐升温,投资并购不断,百度、阿里巴巴、腾讯纷纷涉足,都把网络教育视为巨大商机。

从发展机遇而言,第一,互联网技术为提高人才培养质量创造了条件。以"慕课""翻转课堂""微课程"等为代表的基于互联网的教学模式,突破了学习者的学习时间和空间的局限性,有利于学习者共享课程资源,进行个性化的线上学习,同时为探索线上教学和线下教育相融合,促进学生的自主学习和合作学习,改革传统的教学方式和手段创造了条件。第二,互联网技术为拓展优质教育资源开拓了新路径。利用互联网技术多元而便捷地获取教学资源的特点,可以把有限的投入集中到优质线上课程的建设上,并通过建立共享机制进行优质教学资源的均衡配置,以效率促公平,促进优质教育均衡发展,推进学习型社会建设。第三,在线课程联盟的构建为提升教育国际化水平搭建了新平台。以Coursera、慕课、edX等为代表的在线课程联盟的发展,加速了国际化课程、教材和课件的跨国流动与共享,也必然伴随着先进教学理念、现代教学方式和教学管理模式的跨国传播与融合,从而为优质教学资源共享与国际拓展、变革教育教学方式、改善学校国际形象搭建了新平台。

第三节　信息时代高校学生管理工作面临的挑战

一、管理观念有待进一步更新

大学生管理工作是高校管理工作中的一个重要组成部分,它是维护学校正常教育教学秩序、保证大学生健康成长的基础性工作,是提高人才培养质量的重要保证。近年来,随着招生规模的不断扩大和后勤社会化改革的不断深入,高校学生管理工作正面临着许多新情况、新问题。面对新形势,高校学生管理工作者必须创新学生管理观念,确立"学生至上""质量至上"和"服务至上"的管理新理念,通过强化学生教育、管理和服务,提高学生的成才率和就业率。

二、管理机制有待进一步完善

在信息化社会的背景下,中国高等教育发生了三个关键性转变:第一,高等教育由精英教育转为大众教育。第二,单一教育转为多元教育。课堂教学不再是高校舞台上唯一的主角。全面素质教育的开展让实践、创业、实习、心理、体育等多种教学方式呈现。第三,"封闭式"校园转为开放校园。在互联网飞速发展的今天,数字校园成为学生最重要的第二课堂,为学生提供了更加广阔的网络学习和社交空间。

教育和社会背景的变化必将带来学生的变化,新时代的学生呈现三个新的特点:第一,活动不再局限于课堂,学生开始积极地参与课堂以外的各种活动,如创业、社会活动、实习等。第二,学习不再局限于书本,学生开始活跃于各种网络在线课堂,热衷于电子化知识的学习。第三,思想不再局限于被管理,学生开始有自己的主见和主张,崇尚个性,追求自我实现。正是由于新时代学生的这些新特点,学生管理工作面临前所未有的挑战。

高校学生管理工作主要包括学业、安全、评价、服务、教育五个方面。目前学生管理中存在的问题很多。第一,学业方面:某学生到课率低,是因为厌学,还是另有他因？第二,安全方面:某个学生失联,怎么找寻？怎么从前期的在校情况找出端倪？第三,服务方面:管理者需要付出很多精力来应付学生的各类问题,全面一网通办何时最终实现? 如何能针对性地提供服务? 第四,评价方面:各类助奖学金、评优,如何准确地选取最匹配的人选? 第五,教育方面:如何有针对性地为学生提供思想政治和心理教育?

以上均为一些具体问题,总结分析来看,目前高校学生管理工作呈现如下三个特点。

第一,被动管理。由于管理者缺乏有效途径获取每个学生的实时情况,无法对学生主动关怀。常常是在异常发生后,管理者才去善后。这种亡羊补牢的方式容易让学生受到伤害,也让管理者每日疲于应付,身心疲惫却得不到学生和学校的认可。

第二,群体管理。当前主要以班级为单位进行集体统一管理,开班会、班级活动等是主要的方式。但在这个信息化时代,文化价值观多元化趋势日益增强,每个学生价值观、性格、兴趣爱好都千差万别,群体管理方式已经不合时宜。

第三,粗放管理。当前管理重在管理学生上课情况和人身安全,常常采用点名、手工填表等粗放管理方式。学生的校园和社交生活多姿多彩,学生思想活跃,个人意识增强,价值观容易受到社会影响,粗放式管理很难发现学生的细微变化,常常由于细微的忽视而酿成大错①。

诸多学生管理方面的陈旧观念亟待更新。在管理上,当前各大高校已经采用加强学生管理队伍建设、引入心理辅导等多种办法来提升学生管理工作。在技术上,当今互联网技术正渗透到各行各业,学生管理工作者更需要思考怎样利用互联网技术提高管理水平,让管理和技术有机结合,寻找提高学生管理工作水平的方法。

三、管理模式有待进一步改革

当前,高校学生管理工作手段和方式单一化是大部分高校普遍面临的一个严峻问题。这种单一化的模式不但会影响到学生管理工作的质量和效率,而且对于管理水平的提高是极为不利的。一些高校采取的被动式和单向度的学生管理工作模式与现阶段在校生的理解认知方式存在一定偏差,管理工作效果并不理想。高校学生管理模式是高校在一定

---

① 陈芝英.高校学生管理工作信息化模式[J].中外企业家,2018(22):193-194.

的管理理念的指引下,对学生不同的需求,基于不同的条件,朝着既定的人才培养目标和管理目标所做出的一种路径选择。从文献资料来看,国际国内对高校学生管理模式的研究较多,在实践中较有影响力的有柔性学生管理模式、学长制学生管理模式、主导服务型学生管理模式、班导制学生管理模式等。

以上传统学生管理模式在不同的历史时期和不同的学校都发挥了应有的作用,但随着高等教育逐步进入内涵式发展阶段,国家、社会、家庭对学生管理工作高质量育人效用的期待值增加,这些传统学生管理模式的弊端日益显露出来,单就应用型人才成长需要和成才特点来看,主要体现在以下几个方面。

第一,高校学生组织机构既定的规章制度规定学生管理只能"按规定办""按通知要求做",各学生管理部门只要干好自己分内的事即可,对需要即时处理但不属于自己管辖范围的问题爱莫能助。因此,程式化的学生管理模式效率较低、应变能力较弱。

第二,管理工作的预设对象大多是学生整体,如男生、女生,评优的学生、违纪的学生等,很难顾及学生个体。学生个体参与学生管理工作主体地位不突出,学生个性化需求得不到满足,有针对性的育人措施得不到有效落实,学生管理工作效率较低。

第三,学生管理队伍缺乏专业化训练。院系党总支正副书记、团总支正副书记、班主任、辅导员等教师系列的学生管理工作者对学生的生活、学习、安全、就业、心理健康、思想政治教育等工作都是一把抓,往往头痛医头,脚痛医脚,上边一有工作任务下达就集体冲上去,缺乏具体分工和相互配合,只追求任务的完成、问题的解决,很难给学生提供建设性的意见和预期性的指导,因而学生管理工作者职业化、专业化水平较低。

另外,在当今社会的新形势下,许多新的矛盾出现在了高校学生的管理工作中。环境、任务、内容、渠道和对象都发生了很大变化。高校如果不能适应这种变化,只是简单地重复之前的老办法,往往会适得其反。因此,我们要认清如今的紧迫形势,在高校学生管理上不断发展,探索更多改革的新路子。

四、管理经费有待进一步增加

为保证学生管理工作的顺利开展,高校一般以在校研究生、本科、专科人数为标准,由财务处把学生管理经费和助困经费(统称为学生工作经费)直接划拨到各学院,各学院设专户管理。但是,各高校学生管理工作普遍面临活动经费紧张的实际问题,每个学期的经费数额比较小,基本不能或是仅仅能够满足学生管理活动的需求,没有办法从工作发展和建设的角度制定经费使用预算。长此以往,将给学生管理工作的开展带来阻碍,甚至会影响到学生管理工作发展中长期计划的制订和实施。

五、管理队伍有待进一步优化

长期以来,很多高校往往将目光更多地投向师资和基础设施建设上,忽视了辅导员、专职班主任等学生管理力量的整合和补充,造成学生管理工作者不配套、素质参差不齐。具体表现在以下几点:一是辅导员、专职班主任数量严重不足,达不到教育部要求的学生管理人员与学生1:150至1:120的比例;二是辅导员、专职班主任培训少,缺乏进修和再提高的平台和机会,对新形势认识不深,对新的学生管理理念和方法了解和掌握不足,限制了学生管理工作者思想水平和专业素养的提高;三是学生管理工作者人员构成复杂,一些在其他岗位被优化出来的人员经常会被安置到学生管理岗位。

就目前的情况来看,我国绝大多数高校在学生管理方面都存在不足,尤其是学生辅导员的数量不足,再加上学生管理工作任务比较琐碎、繁多,导致辅导员没有更多的时间和精力处理学生的思想工作。目前,绝大多数高校的辅导员都比较年轻,对高校学生管理方面的经验不足。辅导员任务繁重、学生管理经验不足将直接造成高校在学生管理方面的局限性,更不能个性化地满足学生的需求。高校学生管理工作内容庞杂,事务琐细,各项工作最后都要落到辅导员身上,导致辅导员很难应付,从而直接导致管理工作过于表面化,流于形式,很难对学生的日常行为、生活学习等方面进行有效管理。

高校学生管理工作者的整体素质关系到学生管理的效果和学生健康、和谐发展情况。第一,高校要做好学生管理岗位人员聘任的优选,吸纳德才兼备的年轻干部和优秀毕业生加入学生管理队伍。第二,应结合学生管理工作职业发展规律,创新辅导员、专职班主任队伍建设,以专业化、职业化培训促进学生管理工作者的业务素质提升。第三,要将提供脱产学习、进修、深造的平台和机会作为学生管理工作者素质提高的重要渠道,不断改善学生管理工作者的知识结构和专业水平,使其把新思想、新知识、新信息传递给学生。第四,要建立公平、合理的奖励机制,提高学生管理工作者的待遇,吸引更多优秀人才充实到学生管理工作队伍。高校学生管理工作要成立相应的职能部门,专门负责信息化的学生管理工作。信息化管理平台初步建成后,高校要与信息技术服务公司进行协商,建立一支信息技术能力高的管理队伍,针对信息化管理过程中用到的信息技术进行培训,帮助管理人员掌握信息化管理平台的使用方法,达到熟练应用的程度。这样不仅可以提高信息化管理平台的工作效能,还节约了管理成本。

高校要进一步强化学生管理工作者队伍建设,以高校辅导员队伍为主体,并将专业教师、后勤服务队伍等纳入学生管理工作者队伍之中,根据职责分工确定管理工作任务目标,提高管理工作专业化水平,确保学生管理工作的科学化和制度化。

六、辅导员力量有待进一步增强

对多所高校进行的抽样调查发现,新时期高等教育事业发展迅速,而高校辅导员队伍建设与发展相对缓慢,面临诸多严峻的问题,具体体现在以下几个方面。

(一)辅导员配备不齐,结构不佳,素能不高

高校大学生人数激增,大学生素质参差不齐,客观上需要增加专职辅导员的人数,提高辅导员的综合素质。调查显示,有近2%的学生没听说过有辅导员这一职业,23%的学生不知道辅导员是教师编制,18%的学生没见过专职辅导员。从年龄结构上来看,绝大多数高校要求辅导员年轻化,基本上是从应届毕业生中选拔或由本校在读研究生兼职,很少从其他渠道选拔。由于缺乏人生经历和育人经验,工作效果欠佳。辅导员基本没有经过专门培训,缺乏高校之间组织的集中学习和交流经验,工作效果不够理想。同时,辅导员个人素能参差不齐,导致思政工作的效果

存在巨大差异。

2017年,教育部修订出台《普通高等学校辅导员队伍建设规定》,规定高等学校应当按总体上师生比不低于1∶200的比例设置专职辅导员岗位,按照专兼结合、以专为主的原则,足额配备到位。当前,全国高校辅导员队伍力量逐渐增强,专业化水平逐步提高。

（二）工作性质模糊、职责不清、职权不明

目前的辅导员工作涵盖了大学生学习、思想、生活、文体、社会实践各方面。由于工作性质和工作职能的特殊性,其工作难以定位,往往容易与一般行政人员不分。在同各高校辅导员的座谈中发现,多数人把工作精力集中于学生的党团建设、学校的招生就业,甚至是院系的收费管理等问题上。20%的学生反映辅导员的工作侧重于纪律管理,15%的学生认为主要是收费管理。辅导员工作复杂多样,学校院系的教务、宣传、招生、就业、组织建设、公寓管理等都分摊到辅导员身上。调查中发现,学生与辅导员较少或难得一见的比例占到65%。

另外,部分辅导员除了担任多个班的班主任及负责院系学生的全方位监管外,还担任授课工作,工作强度大,精力分散。这些使辅导员难以继续学习提升自身能力,难以对学生的生活、学习、思想进行系统分析,难以对普遍存在的问题与个别特殊问题进行有效解决。另外,在学生出现问题时,辅导员的职权往往不明朗。在辅导员座谈中了解到,辅导员被赋予的权限不明或很少,往往是起到"情况汇报者"的作用。

（三）地位较低、身份特殊,队伍不稳定

辅导员对学校的稳定与发展发挥了巨大作用,对学生的成长成才帮助很大,但付出的辛勤劳动没有完全得到学校师生的肯定。由于工作对象是学生,需要花费大量时间与他们交流沟通,但从学校管理层到师生,许多时候把辅导员作为"勤杂人员"看待,甚至部分高校行政管理层中有"做不好教师就改做辅导员"的认识误区。辅导员与专职教师或行政人员相比,在职称待遇、福利收入上明显偏低,在目前高校的人才评价体系中,缺乏"知识工作者"身份的认同感。

教育部规定,专职辅导员的任期一般为4年至5年,这种短期化的政策使学校领导和辅导员本人都把辅导员工作当作一种临时性、过渡性的工作,作为短期职业对待,造成整个辅导员队伍的不稳定。辅导员队伍中缺乏理论水平高、经验丰富的专家。

(四)绩效考核与激励评价体系不完善

辅导员的编制归属没有统一的标准,工作管理上分属于各院系或者学工、教务、后勤、宣传等职能部门,人事管理由学校人事处安排,任用、选拔、考核、提升则由组织部负责,工作实施则受学校教务、学工、后勤及院系领导的多重安排。行为思维受制于多个部门,处于被动工作的局面。工作繁多而全面,做得多,思考得少,导致教学中影响力不如专职教师,管理中感召力不如行政人员。

目前,各高校中极少有针对辅导员工作而建立专门的绩效考核与激励评价体系,即使有,也仅表现为原则性与纲领性的条文。难以将其工作定性或定量,使操作过程难以把握,事后难以进行绩效考核。另外,高校中实施的教师职称、课酬、福利等激励制度在辅导员身上没有普适性,挫伤了其开展工作的积极性、主动性和创造性。

七、管理载体有待进一步构建

互联网技术的迅猛发展促进了新媒体的日益普及,现在先进的媒体传播效果是新媒体载体合力的结果。"互联网+"时代,信息的传播具有超时空性,而在学生管理工作中,高校对媒体传播的利用似乎还是有些滞后。另外,目前我国高校的学生管理工作在新媒体应用上的投入力度还是比较欠缺的,不利于学生管理工作的全面升级,因而在"互联网+"时代下学生管理工作载体的构建具有重大意义。

(一)"互联网+"时代下学生管理工作载体运行中存在的问题

第一,存在明显的条块离散与分割状态。从根本上说,学生管理工作本身是具有开放性、整体性及动态性的一个特殊生态系统。每一个学生管理工作载体力量条块分割都非常显著,且彼此配合与呼应极为匮乏,一般会表现出无序、自发等分崩离析的状态,缺乏合理的结构分布。

第二,随意应用载体与盲目跟风。尽管现阶段高校逐渐意识到学生管理工作载体的重要地位,然而在研究载体方面依旧比较落后,再加上欠缺新载体实际应用能力,对发挥载体功能产生很大影响。这些在实际应用新媒体上充分表现出来,一些学生管理工作者在向学生传授知识时比较热衷于讨论互联网中比较流行的话题或者视频,并不会深入性讲解,这就在很大程度上降低了管理效果。

第三,不够重视学生管理工作中新媒体载体的重要作用。由于新媒体的特点是快捷传播、检索方便、交互性传播等,因而逐渐受到学术界的广泛关注,并逐渐被应用于高校学生管理工作中。然而,很多人淡化了技术投资新媒体及更新观念,特别是新媒体技术在带给人们便利的同时会存在很多负面影响。

(二)新媒体时代下形成学生管理工作载体合力的措施及途径

1.构建互联网教学资源中心与教学平台

就学生管理工作内容环节来说,必须对传统管理方法进行科学演绎,发挥新媒体在管理中的重要作用,同时在管理方法领域,应该对多媒体技术予以有效应用,创新管理工作,而且要开发完善的学习资源,由主干内容、扩展内容、辅助内容共同组成学生管理工作载体。

2.创建校园特色网站,提升学生管理工作辐射力

这需要打造极具特色的校园网站,如在本校互联网中构建视频新闻及图片鉴赏等,能够以视觉冲击方式直观地展现出静态的建筑风格与学院风貌,对本校精神和文化进行有效传播。浏览校园网可以以其超语言性与直观性对学生人生观、价值观及道德情操等产生影响,学生能够在潜移默化中受到熏陶与感染,促进学生修身立德。

3.利用网络优势,搭建学生管理工作新平台

对比传统的传媒,网络传媒无疑具有更加快速、广泛的特点。对于这种新的网络传媒,学生管理工作者应充分认识其优势,让这些优势为学生管理工作服务。

第一,学生管理工作者要在思想上统一认识,认识到利用网络媒体进行学生管理工作的必要性。根据网络传媒的特点认真思考,积极研究新型教育管理工作方法,使学生管理工作方法得到进一步优化。

第二,利用新型网络传媒进行学生管理工作,并不是说把传统管理方式完全摒弃,而是要将它们与新型的管理方法相结合,取长补短,使学生管理工作方式、方法更加完善。

第四节 "微时代"背景下高校学生管理工作的创新实践

一、"微时代"背景下高校学生工作管理创新措施

面对新的时代背景,高校可从转变学生工作管理理念、优化学生工作管理队伍、健全学生工作管理平台、丰富学生工作管理方式四个方面来积极探索高校学生工作管理创新措施,不断增强学生工作管理的创造力、号召力和影响力。

(一)实施"微管理",转变和创新学生工作管理创新理念

1.实施学生工作管理思维的转型

"微时代"背景下,随着微媒体在校园内的普及,学生工作管理者可以借助微媒体平台作为新的学生工作管理阵地和载体,使学生工作管理不断现代化和科学化,从而提高工作效率,这就需要学生工作管理者进行思维的转型。

(1)学生工作管理者应该从思想上重视微媒体平台所具备的潜在管理功能

"微时代"背景下,随着微博、微信等微媒体在大学生中的普及,管理者如果能运用这些平台作为和学生互动及管理的新方式和新途径,就能更好地融入学生的学习、生活中去,就有可能发挥潜在的管理功能。这就需要学生工作管理者转变思维方式,不对微媒体抱有偏见,反而要正确认识微媒体、认真研究微媒体、大胆使用微媒体。

(2)管理思维可尝试由现实管理向虚拟管理转型

与学生进行面对面的交流是管理者普遍采用的方式,他们认为这种方式能较好地实现对学生的管理。但是在"微时代",这种方式可能并不为学生们所普遍接受,甚至容易使部分学生产生厌烦的情绪,因此,应该将这种思维向虚拟管理转型,重视并尝试通过以学生喜闻乐见的虚拟微媒体平台实施宣传、交流、管理、服务等功能。

（3）积极转变管理理念

把握"微时代"带来的机遇，树立"以学生为本"的理念，打造民主和谐的校园环境、构建科学完善的学生管理制度、重视学生的主体性地位，使管理更加的科学化、民主化和正规化，从而实现学生的全面发展。

学校也应适应潮流，转变学生工作管理思维，适应新环境、新要求，将微媒体平台纳入学校整体学生工作管理战略之中，加大资金和技术的投入，谋求可持续发展的创新之路，为推进高校学生工作管理健康、有序地发展奠定坚实的基础。

2. 重视微媒体使用的价值引导

大学阶段是学生形成正确世界观、人生观和价值观的重要阶段，而与各种层出不穷信息的接触，容易对大学生的思想观念和道德认知造成不良影响，甚至出现理想信念不坚定、价值观混乱等问题，如果不及时加以引导，就可能造成难以弥补的遗憾。"微时代"既有利于学生更新思想观念，又容易使他们受到不良信息的误导，影响他们正确观念的形成。但是，如果能引导学生正确使用微媒体，使他们具有良好的微媒体使用素养，他们能有选择性地利用微媒体平台中的资源，从而抵制不良信息，促进学生自身的全面发展。第一，高校可向学生传授微媒体的基本知识和主要用途，使他们了解微媒体的传播途径和方式，提高对微媒体信息的独立思考、理解和批判性选择的能力，远离不良微媒体环境，并强化学生微媒体使用的道德意识和法制观念；第二，指导和鼓励学生尝试参加微媒体实践活动，提高微媒体使用技能。如制作微视频、微电影、举办微公益校园活动项目等。

（二）打造"微队伍"，推进和优化学生工作管理队伍

1. 建立"四位一体"的学生工作管理队伍

"微时代"背景下，可尝试利用微媒体平台的便捷、快速、易交互的特性建立辅导员、教师、学生干部和家长"四位一体"的学生工作管理队伍。辅导员、教师、学生干部、家长不仅要在学生工作管理中发挥好各自的作用，相互之间还要加强配合、加强交流、优势互补、协调一致，从而实现"1+1+1+1>4"的效果，最大力度地发挥"四位一体"学生工作管理队伍的功用。

（1）辅导员方面

辅导员是学生思想政治工作和日常管理的骨干力量，是学生健康成长的指导者和引路人。他们的主要职责是负责学生思想政治教育工作，学生党团、班级工作，学生学业、就业、交友、心理指导咨询工作，学生宿舍管理、奖助困补、安全维稳等工作，在大学校园中与学生接触得最多、关系最为密切，学生对他们的依赖程度比较高。辅导员所带学生比例一般不低于1：200，工作量大，任务较重。"微时代"下，辅导员可以利用微媒体平台提高工作效率，扩大学生受众面，如利用班级微信、微博、QQ等微媒体准确地传达信息，巧妙地描述事件，积极地交流互动，有序地管理引导，以达到更好地服务学生的目的。

（2）教师方面

可从已有校园资源入手，一是加强对学生工作管理相关部门如学校学工处、保卫处、招生就业处、后勤处、团委、各（院）系学工办、学院/班级等教师的培训，提升他们使用微媒体的能力，鼓励他们利用微媒体平台开展工作。在具体工作中，他们既要维护好部门或个人的微媒体平台，又要关注和参与到学生媒体平台中去，才能达到较好的管理效果。如通过微博、微信或QQ与学生交流，既能增进师生感情，又能及时了解学生动态；或是利用自己的微媒体平台在学生中传递正能量，引导学生树立正确的三观。二是专业教师。专业教师也可以通过微博、微信、微课程等学生所喜闻乐见的方式来组织课堂，并积极地与学生在学习上交流互动，甚至可将课堂延伸到课堂之外、课余时间，以增强学生学习的积极性，巩固教学效果[1]。

（3）学生干部方面

除了学生会、团总支、社团联合会、青年志愿者等学生组织的学生干部之外，还可以组建一支作风好、纪律强、技术强的学生干部队伍深入学生中间，积极转发传播学校官方信息，及时关注学生中的舆情动态，传递正能量，发挥学生朋辈相互影响的积极作用。如组建学生干部微团队，专门从事微电影、微故事、微公益、微访谈等微素材的制作，并发布到微媒体平台上，以达到教育管理的目的。

---

① 石贞贞.信息化时代高校档案管理工作模式的重构[J].办公室业务，2021（11）：140-141.

（4）学生家长方面

随着"微时代"的到来，越来越多的家长也使用微博、微信、QQ等微媒体，这就为教师、学生、家长三方互动、共同关注学生的成长提供了更好的平台。如教师可将学生在校园学习、生活、心理等情况通过微媒体平台向家长反馈，特别是部分重点关注的学生对象，这样家长就不受限于时间、空间，能及时了解学生最新动态。

为了更好地发挥"四位一体"的学生工作管理队伍的作用，学校也可通过开展微媒体培训、社会考察、知名媒体机构交流经验等学习活动加强他们对"微时代"的认识，鼓励他们提升使用微媒体的技术、能力。

2. 激发学生"意见领袖"的积极引导作用

学生中的"意见领袖"发挥的作用具有两面性。一方面，如果他们在微媒体平台上发布的信息是正能量的、与浏览学生的互动是友好的、对校内事件和热门观点的探讨是积极的，就能引导舆论朝着积极的方向发展，且有利于事情的妥善解决。另一方面，如果他们发布的信息负能量爆棚或是对学校稍有不满就煽风点火引起校园风波，这种消极的舆论导向就给事情的解决造成更大的障碍。高校可尝试培养一批"意见领袖"，并加强对他们的培养和引导，充分发挥他们的积极引导作用。通过他们在学生中解释、宣传、展开工作，使他们成为学生工作管理的重要力量，以便更好地为学生服务。总之，学生"意见领袖"在学生工作管理中的积极作用不容小觑，高校可从人才发展的角度出发，充分尊重学生主体地位，多渠道构建培育机制，并形成一个系统科学的培养体系，从而实现以学生管理学生、学生服务学生、学生影响学生的自我发展模式。

（三）搭建微媒体，建立和健全学生工作管理平台

1. 建设微媒体基础设施

"微时代"背景下，为了使微博、微信等微媒体平台顺利进驻高校并发挥其作用，学校必须建设满足微博、微信等微媒体平台使用的基础设施、硬件环境和软件设备，并且长期管理维护，以保障微媒体平台在校园内的广泛运用。如校园 Wi-Fi 覆盖面要广，能到达包括教室、实训室、图书馆、运动场、食堂、学生宿舍等区域。总而言之，就是要创造以硬件条件为基础、以相应软件程序为补充、以长期维护为支撑，这样才能保障学

生工作管理能够运用微媒体平台长期有效地开展。

2. 搭建多元微媒体平台

第一,注册学校的官方微博、微信公众号等平台,构建家庭、学校、企业、社会互相关联的平台,并经常更新动态,保持与外界之间的信息交换;第二,建立各院系、部门的微博、微信等微媒体平台,通过双向互动,倾听学生的意见和建议,不断改进学生工作管理的服务质量;第三,鼓励教师开通个人微博、微信等微媒体平台,并与学生进行互动,为学生学习、生活提供帮助;第四,鼓励学生组织、社团、班级构建自由、民主、文明、守纪的交流平台,进行群体之间的互动和思辨,激发学生及学生工作的活力。此外,搭建学校、部门、教师、学生组织多元微媒体平台后,不能只建不管,还应加强监督、管理、维护,统一协调,相互补充,避免重复,以达到有效利用。

3. 构建精品微媒体平台

"微时代"背景下,为了更好地发挥微媒体平台在学生工作管理中的作用,还可构建专门的、针对性较强的学生工作管理精品微博、微信公众号平台。如注册"校园百事通"微信公众号,并有针对性地以学生工作管理内容来开发微信公众号的模块。如在"校园百事通"微信公众号中创建学生教育、学生管理、学生服务等模块菜单。在学生教育模块中设计"党团教育""理想信念教育""法制教育""心理健康""安全教育""主题教育"等栏目;在学生管理模块中设计"校纪校规""奖惩通报""学生动态""档案管理""事务管理"等栏目;在学生服务模块中设计"文件通知""学习园地""就业创业""主题活动""校园生活""课表成绩查询""奖助困补贷""虚拟社区""联系我们"等栏目。每个栏目下还可以添加子栏目,如事务管理下开设"宿舍管理""勤工助学""请假申请"等栏目。所有栏目中的内容运用文字、图片、视频、音频等素材,且贴近学生、贴近生活,用具有地方特色、学校特色、学生容易接受的语境,引起学生的认同和共鸣,吸引学生注意力,满足学生需求,增加学生关注、点击、阅读、参与、转发、评论的兴趣,使得平台能够受到学生的广泛关注,从而不断提升学生工作管理的服务质量。

4.强化使用微媒体平台的监督管理机制

"微时代"下,微媒体技术在校园广泛运用,在这种环境下,信息的发布和使用比以往更加自由,且信息的传播在某种程度上处于一种"时间、空间、资讯无障碍"的状态,具有不确定性和难以控制性。另外,由于平台太多,且呈现自发、松散、无序的状态,缺乏统一组织,加上平台之间没有相互协调机制,难以实现有效利用。因此,"微时代"下,系统化的制度建设和科学的监督管理机制的落实显得尤为重要,可尝试采取如下措施。第一,研究制定科学、有效、统一的微媒体运行规章制度,加强对微媒体的有效监管。第二,对校园内多层次的微媒体平台进行监督和引导,并实时检查,从源头上净化过滤不良有害信息,确保学生拥有健康环境,但又要注意留有适当空间,避免挫伤学生参与的积极性。第三,实施线上、线下两手抓的监管机制,结合传统的管理方式,扩大监管的范围。"微时代"下,高校只有与时俱进地研究出科学的微媒体使用管理方法,并建立合理的微媒体使用管理机制,才能营造安全、有序的校园环境,维护校园稳定。

(四)开展"微活动",丰富与创新学生工作管理方式

1.构建"微活动"校园文化,形成润物无声管理特色

大学生十分注重校园文化生活,营造良好的"微活动"校园文化氛围可以调动学生参与活动的积极性。高校学生工作管理者可以尝试将微博、微信等微媒体平台运用于构建校园"微活动"中,并通过"微活动"向大学生传播教育知识信息、弘扬社会主旋律和树立正确的价值观念,以凸显"春风化雨、润物无声"的管理特色,为更好地开展"微时代"下高校学生工作管理奠定基础。第一,可尝试挖掘和培养一批思维活跃、现代意识强、善于策划组织且多才多艺的教师或学生干部队伍,使他们深入学生中间,并能够顺应时代需求,不断创建新的活动形式;第二,加入"微时代""微时尚"元素推广校园文化活动,广泛地吸引大学生积极地参与进来;第三,创新校园文化活动形式,在传统的校园文化活动形式的基础上,举办一些符合"微时代"发展、以"微时代"为主题的校园文化活动,如微电影比赛、微博摄影评比、微商创业活动等。通过开展"微时代"校园文化活动,既丰富了学生的课余生活,又锻炼了学生的人际交往能力,有

利于学生积累社会实践经验。

2.推广"微公益"校园项目,凸显"育人无形"管理效果

"微公益"指的是通过微不足道的小事来进行公益事业的传播,汇微小成巨大,微公益强调积少成多。在"微时代"中,人人都是"微公益"的践行者。在学生中开展"微公益"校园活动项目,既能够帮助一些特殊学生,解决他们的困难,更能弘扬互帮互助精神,增进学生之间的感情,传播正能量,实现"育人无形"的效果。高校举办校园"微公益"活动项目意义深远。校园中的"微公益"不仅仅是一种简单意义上的校园文化活动,更重要的是通过"微公益"活动,培养学生感恩的生活态度,提升学生的社会责任感,升华学生的思想道德品质,以达到"人人为我,我为人人"的人生境界。因此,高校学生工作管理者要了解有关"微公益"的基本知识,并结合工作中的实际情况,经常举办一些适合学生参与的"微公益"校园活动项目,并在学生中积极地宣传。如在学生中发起一月捐献一元的"微公益"校园活动,帮助校园中家境困难、患有严重疾病的同学;向学生倡议捐出自己用旧了的书籍等学习用品或衣服等生活用品,寄给偏远山区的学生。

二、大数据时代高校学生工作管理创新探究

(一)大数据时代高校学生工作管理的背景

1.大数据的内涵和特征

麦肯锡全球研究所报告《大数据:创新、竞争和生产力的下一个前沿》对大数据的含义做了界定,认为大数据是指大小超出了传统数据库软件工作的抓取、存储、管理和分析能力的数据群。我国学者涂子沛认为,大数据是指那些大小已经超出了传统意义上的尺度,一般的软件工具难以捕捉、存储、管理和分析的数据。由此可见,大数据主要是指数据规模巨大的数据库,其主要内涵包括两个方面:一是数据规模之大,达到无法用传统的软件工具来进行提取、存储、管理、分析和应用的程度;二是,数据处理技术之新,对如此大规模的数据进行提取、存储、管理、分析和应用需要全新的技术体系来支撑。

大数据以其鲜明的特征展示其巨大的力量,使信息产生和传送的速

度、方式、范围都发生了前所未有的变化,对高校学生工作管理也带来了深刻的影响。

2.一切皆可数据化

互联网改变着大学生的学习、工作和生活方式,它所带来的即时性、简洁性、便捷性适应了现代大学生的心理需求和社会需求。随着智能手机和Wi-Fi网络的进一步普及,大学生使用互联网将更加方便。网络为学生展开了一幅丰富生动的画卷,其中蕴含着无限的可能性,大学生既可以在其中尽情学习海量知识,毫无顾忌地发表看法、发泄情绪,可以享受网络购物的便捷和实惠,也可以方便迅速地与五湖四海的亲朋好友沟通交流。应该说,在与学生面对面的交流中展示的自我相比,大学生在网络上的表现更丰富和真实。在小数据时代,由于数据搜集能力和处理技术的局限性,要通过互联网全面了解学生是非常困难的,但在大数据时代,学生的衣食住行、喜怒哀乐、吃喝玩乐等情况都以数据形式存在。在大数据时代,通过互联网和移动终端,可以实时快速完整地搜集大学生的各类信息,包括定位、通话、消费、评论等各种数据,通过数据分析和挖掘,可以全面地了解大学生的个性、兴趣、习惯、情感和思想,为开展学生工作打下良好的信息基础。

(二)大数据时代高校学生工作管理的理念

面对新时代,高校学生工作管理者应及时树立大数据思维,改变传统的学生理念和工作理念,为开展大数据时代的高校学生工作管理奠定基础。

1.理性化决策

高校学生工作管理的主要对象是大学生,作为最具活力、最具潜力的自主个体,大学生的思想、行为和个性是最丰富的。由于思想的无形性和复杂性特征,要了解一个人的思想是比较困难的,以往我们只能依赖于个人学生工作经历的经验来做出判断。这种传统的主观决策方式和基于经验的学生管理模式会有失偏颇,但在大数据时代,我们可以有效地做出更科学的判断、更加理性化的决策。大数据为我们提供了有关大学生的方方面面的信息,是我们做出理性决策的数据依据。大数据时代已经来临,在商业、经济及其他领域中,决策将日益基于数据和分析而做出,而非基于经验和直觉。在大数据时代,我们可以通过互联网收集大学生群体的思想、行为特征,通过云计算和分析技术形成对大学生群体思想行为的规律性认识,通过对海量数据的分析实现科学决策,而不是仅仅凭借主观经验和感受。

2. 精准化预测

预测是大数据的核心,它把数学运算法运用到海量的数据上,从而来预测事情发生的可能性,实现预估的目的。海量数据使我们对事物发展状况的预测成为可能,也使我们对人类行为的预测成为可能。在大数据时代,大学生的行为都被记录保存下来,这些行为数据是相互依存和关联的,通过大学生行为数据的深度分析和整合,可以找到这些行为之间的联系,发现大学生行为的趋势和可能性,从而对大学生的行为进行预警和预测。通过检测大学生的行为数据,发挥预警机制的作用,我们就能迅速做出反应,提前对学生进行指导和干预。

3. 个性化服务

大数据时代使个性化教育成为可能。通过对学生学习过程的数据跟踪、分析,可以发现学生的学习模式,为其制订个性化教育方案。大数据时代对个性化的关注,将使学生工作管理发生重大改变。以往学生工作管理只能从整体上制订工作方案,忽略学生的差异性和个性化需求。大学生是极具个性的群体,他们注重个性,希望被作为独特的个体来看待。大数据让我们能重新审视学生工作管理,不仅从整体上把握学生工作管理的规律,更注重从个体上来开展具体的工作,促进每个大学生的个性化发展。大数据通过全面、及时、动态地记录每个学生的学习、生活和社交情况,形成对每个学生的准确认识,能准确把握学生的个性和成长需求,从而有针对性地开展思想政治教育、职业生涯规划、心理辅导、综合素质教育,实现对学生的个性化服务。

4. 科学化评价

在以往的高校学生工作管理实践中,无论是对学生的思想评价还是对学生的家庭经济情况评价,都很难采用量化的方法,只能从辅导员、班主任、同学等各种渠道尽可能多地了解情况,从而形成主观性极强的评价,这样难免会存在一定偏差。但通过对大数据的使用,以评价学生的家庭经济状况为例,我们可以通过学生校园卡的消费记录、购物网站的消费记录、手机缴费清单、个人账户的往来记录等清晰地把握学生某一段时间的具体收支情况,从而对其个人经济情况做出准确判断,以此作为判断其家庭经济状况的一个重要依据,避免由主观分析带来的失误。在对学生的思想状况做出评价时,通过对海量数据的分析,也可以更加准确地把握其思想和行为动态,将反映其思想特征的信息进行数据化处理,从而使量化分析成为可能。在评价学校、二级学院的学生工作时,可以采用定性与定量相结合的方法,将单项评价与综合评价、过程评价与结果评价结合起来。这种定性和定量相结合的方法,将极大地提高学生工作评价的科学性。

(三)大数据时代高校学生工作管理的路径

1.建设一个集成型的学生工作管理数据平台

大数据时代开展高校学生工作管理的基础是数据,只有掌握了大数据才能真正了解大学生的思想行为特点,有效地开展各项教育、管理和服务工作。第一,高校层面要进行顶层设计,建设一个集成型的数据平台。各高校在轰轰烈烈地开展智慧校园建设时,往往是各自为政,只考虑本部门的工作需求,学校内部都很难实现数据共享和整合。学校层面应该设立一个协调部门或数据中心,集成学工部、教务处、后勤处、图书馆等与学生相关的各部门的信息平台,整合所有与学生相关的信息,建设一个系统的在线数据搜集平台,形成一个全校范围的学生工作管理数据库,以保证及时全面地搜集所有学生的所有数据。同时,各高校还要从整体的角度做好数据分类、分层的收集规划工作,确保数据来源和方式的多样化,确保数据类型的多元化,确保覆盖所有与学生工作相关的因素,确保数据采集的广度、深度和细分度,建立一个数据搜集的立体化系统。第二,高校要主动共享社会数据库。大学生的主要活动阵地涉及互联网和移动手机等多个平台,单靠学校内部的数据库无法全面掌握学生的所有情况,而且社会各界的数据搜集力量和技术可能更加强大,所以更需要高校突破校园围墙,主动与相关网络媒体、社会组织、政府部门、其他高校建立协同机制,共享数据资源,动态地把握学生数据,充分借助社会力量,充实高校的学生工作管理信息库。

2.建设一支复合型的学生工作管理队伍

大数据时代的到来,给高校学生工作管理队伍提出了更高的要求,除了具备以往的素质能力之外,对学生工作管理者的大数据意识和处理信息的能力提出了新的要求。第一,学生工作管理队伍要具备大数据意识。学生工作管理者要充分认识到大数据对改进高校学生工作管理的重要价值和意义,从思想层面重视大数据的采集、整理和分析工作;还要有意识地培养自身对数据信息的敏感性,培养大数据所要求的整体性、混杂性和相关性思维。第二,学生工作管理队伍要具备运用大数据的能力。高校要加强对学生工作管理队伍的培训,学生工作管理者也要积极地融入大数据时代,主动学习大数据所需要的搜集、分析和处理技术,提高信息的筛选和甄别能力,提高自己运用大数据的能力。学生工作管理者在具备了大数据的相关能力之后,还要主动将分析的结果运用到学生工作管理的实践之中,提高大数据技术的指导性作用。第三,学生工作管理队伍的建设要有梯队规划。大数据时代既要求学生工作管理者有过硬的学生管理能力,又要求具备大数据的知识和能力,这在短时间内很难做到。为尽快适应大数据时代的要求,高校可以在对现有学生工作管理队伍进行培训的同时,重点建设一支有计算机、互联网专业背景的大数据专业团队,专门负责大学生数据平台的建设、数据采集、分析和整理及相关培训工作。通过梯队建设和不断地培训,建设一支兼具学生管理能力和大数据处理能力的复合型学生工作管理队伍。

3.建设一批保障型的学生工作管理制度

在享受大数据带给我们的海量信息和高效便捷服务的同时,也要清醒地认识到,大数据的急剧膨胀和数据滥用可能带来的威胁以及由此引发的伦理问题和法律问题。信息垄断挑战公平,信息披露挑战尊严,结果预判挑战自由。在大数据面前,我们都是透明人,每一个人的行为都会在网络上留下痕迹,通过数据存储、追踪和分析,我们能非常容易地了解一个人的所有信息,包括极其隐秘的个人信息。大数据的普遍使用有可能暴露学生的隐私,学生的个人信息安全受到挑战。学生的海量个人信息如果不能妥善保存,就有可能被他人利用,使学生受到伤害。因此,无论是大学生数据信息的搜集、使用范围还是使用权限,都应该建设相关的制度加以保障。高校学生工作要在确保学生个人信息安全的前提下,有效开展数据挖掘。高校还要建立和完善数据采集、管理、使用和决策的标准化流程,通过制度化来规划大数据的管理和使用。高校还可以成立相关部门或组织,监督和指导大数据的采集和管理人员,使其具备较强的安全意识和责任意识,做好信息保密工作。

大数据时代是高校学生工作不可回避的新浪潮和新环境,为学生工作带来了新的机遇。学生工作者应主动强化大数据意识,提高大数据的技术能力,利用大数据探索高校学生工作规律,提升高校学生工作的实效性,提高高校的人才培养质量。

三、互联网技术在高校学生工作管理中的应用及优化

(一)促进高校管理参与主体的多元化

信息时代学生的思想变得更加活跃,高校与学生之间的关系正在发生改变。学生的主体地位逐渐提升,教师在教学中的绝对权威有所减弱。在这一发展背景下,高校的管理工作,尤其是涉及学生的管理工作,要更多地关注学生的诉求,重视学生参与的主体地位,实现高校管理参与主体的多元化,这也是高校践行以学生为本理念的必然选择。

(二)整合高校各部门网络资源

互联网技术将网络中复杂的信息反馈回路变得简便,实现了机器和人的结合,信息传递变得异常通畅,互联网技术的重要性可见一斑。高校在运用互联网技术开展管理工作时,要加强各部门之间的信息管理,做好统一、协调,消除中间环节,提高信息传播的畅通性,以此提高管理工作的效率。

(三)加强高校网络信息的监管

互联网技术在高校学生工作管理中的应用,一方面便利了学生和学校之间的信息沟通,另一方面也存在很多的网络安全隐患。健康合理地应用互联网技术,净化高校网络环境,是高校义不容辞的责任。第一,高校要规范机房建设与应用,净化学生个人以及校园机房、办公区域的集体电脑,安装绿色软件。第二,加强师生在娱乐休闲、网页浏览、社交购物等方面的网络环境建设,及时对校园网络中的不良信息进行清理。第三,通过有关网络信息环境守则进行规范,建立网络信息检测系统,一旦

发现不良信息,第一时间找到信息源头,并即刻控制信息的传播。互联网技术在高校学生工作管理中的应用是一把双刃剑,学校要用好这把剑,将网络的优势发挥到最大,构建健康的高校网络环境,提高管理水平。

(四)加强移动互联网在高校学生工作管理中的应用

移动互联网技术的成熟,使掌上办公成为可能。掌上办公就是利用运营商的无线网络信号,将传统的办公自动化(Office Automation,OA)从电脑扩展到移动终端上,实现随时随地的掌上办公。通过掌上办公,可以方便领导在外出途中审批文件,方便员工不在学校时查阅信息、接收通知公告等。掌上办公系统的应用,可以有效地提升工作效率,节约办公的成本。当下掌上办公主要是由移动互联网、手机、OA办公系统三部分组成,但是由于手机性能和移动网络的制约,OA办公系统尚不能实现完全的移动化。OA系统的掌上办公主要由三种方式实现:第一,利用手机的wap实现,通过互联网技术将web网页显示在手机的wap中;第二,开发OA办公系统的手机客户端,使用者可以下载安装客户端,实现移动办公;第三,可以在服务器终端适配开发,通过第三方中间软件实现OA系统的掌上办公。这三种方法各有利弊,在实际应用中可根据具体情况进行选择使用。

第六章　网络社群背景下高校学生管理模式实践

第一节　网络时代高校学生管理面临的挑战

如今,互联网技术的发展已带来社会、高校与学生等外部环境的全方位变化,为使学生管理的观念、方式与内容适应新环境,高校必须顺应潮流对高度集权、等级分明、硬性管控的模式进行优化与革新。

一、社会生产方式变化引发学生管理方式变革

互联网信息技术的发展使得社会生产方式发生巨大变化,引发了社会人才需求、社会劳动组织与社会治理方式的一系列变革。外部环境的改变要求高校必须顺应整体趋势,对原有的科层化学生管理方式进行革新。

(一)社会人才需求改变要求学生管理创新

随着互联网信息技术的迅猛发展和广泛应用,人类社会已进入以数字化、网络化、智能化为表征的信息时代,社会生产方式自然而然地被重新定义。此时社会生产方式逐渐转向科技依赖,人们大力利用具备信息获取、传递、处理、再生与利用功能的智能化生产工具,紧密依托无限且无形的知识资源与数据资源来创造财富。如此一来,传统的知识与技能已难以适应岗位需求的变化,劳动力市场对从业者的综合素养提出了更高要求。

第一,由于知识与数据的经济价值日益凸显,经济发展与社会进步越来越依赖于科技创新水平。一方面,国家若在新的技术革命带来的经济挑战面前站稳脚跟,不断发掘新的经济增长动力,就需要一批拥有独立性、主动性和创造性,且具有创新思维、创新精神与创新能力的人才;另

一方面,信息技术发展与经济结构转型使得市场面临的问题愈发复杂,往往呈现学科交叉、知识融合与技术集成等特征,仅靠单一的学科知识及孤立的思维方式已难以解决。故而各行业在招聘时弱化了对专业对口度的要求,更为倾向既具备行业专业能力、又拥有跨学科知识结构的复合型人才。第二,随着全球信息化建设的深入推进,其蕴含的思维特征不仅对政治经济的思维框架产生了影响,也为各行各业的战略规划与实践操作带来巨大冲击。这一变化要求从业者由工业化思维转变为互联网思维,立足互联网的思想、精神、价值来思考与解决问题,运用互联网的技术、方法、规则等来处理工作与生活事宜。而这些素质多在自由民主的多元化环境中培养与提升,这就要求包含高校在内的社会组织改变集权控制的方式,基于互联网思维与技术构建组织管理框架,在管理中赋予各成员平等的主体地位,尊重和激发其个性特点和发展潜质,尽最大可能保障其精神自由与行动自主。

(二)社会劳动组织变化引发学生管理变革

新型生产方式的采用带动了社会生产力的提高,不仅使人们的物质生活水平快速提升,还将人们从繁重的体力劳动中解放出来,转而运用信息技术进行知识生产与价值创造。如此一来,人们的生产活动由现实社会不断向互联网空间拓展迁移,依托网络建立的网络社群、虚拟组织、自组织等组织形态纷纷涌现。

总体来看,这些新的组织形态融合了传统社群理念与网络交往特点,为生产活动创设了高度开放与交互的环境,呈现出互动过程的超时空性与开放性、行动空间再生产中的虚拟性、社会关系的平等性与自主性、秩序建构中的扁平化与多中心性、社群交往纽带的网缘化、群体成员的异质性较高和群体边界模糊等特征。较之传统意义上的科层制组织,这种社群化组织形式存在明显的进步之处,主要体现在:组织成员既可以在规定的期限内,自由选择合适的时间与地点来开展工作;也可以拥有部分解决问题的权力,根据所处的局部环境状况来自主做出决策;还可以不再囿于固定的内部分工,通过参与不同的项目来实现工作职责的灵活变动;更可以摆脱自上而下的权威控制,通过成员之间平等的互动合作来达成目标等。但在社会劳动组织形式正在发生结构性变革的当下,我国高校依然在高度组织化的科层体制下开展学生工作,依托固定的班级、内容、方法对学生进行集中管理,日益显露出学生多元选择受限、学生自由交往受阻、信息传输效率较低等问题。因此,现阶段高校若要提升学生管理的质量,必须及时顺应社会劳动组织的社群化变化趋势,将社群化组织形态与管理理念应用于学生管理之中。

(三)社会治理方式变革倒逼学生管理变革

互联网信息技术打破了由信息垄断衍生的集权控制,创造了一个无疆域与文化阻隔的开放性虚拟社会,来自不同地域、不同民族、不同阶层的劳动者可通过交流互动来自由吸纳信息与平等发表言论,使得多元文化和价值观念不断汇集、相互交换与彼此融合。多元价值的共存导致传统一元化权威体制与价值范式受到了强烈冲击,昔日难以撼动的中央集权观念逐渐弱化,无法再在社会文化形态中保持绝对的统摄力。在此影响下,社会不得不对强调权威的组织管理方式进行结构性变革,使其由传统自上而下的行政管理向注重内外协调的民主治理转轨①。

表面上"管理"与"治理"仅有一字之差,实质上治理却是管理的更高级形态,强调系统治理、依法治理、源头治理和综合施策,突出治理主体的多元性、治理方式的调控性、治理功能的协同性与治理过程的连贯性,能够有效避免行政化管理的随意性、盲目性、机械性和无序性。对于作为现代社会正式组织机构的高校而言,因受制于文化、政治、体制等外部因素及组织内部自生的功能失调问题影响,当前学生管理工作面临着沟通合作不畅、行政权力泛化、民主参与短缺等困境。

若要对这些现实问题和复杂形势变化进行应答,高校理应摆脱机械僵化的行政化管理路径依赖,顺应共建共治共享的社会治理现代化潮流,对高度集权、等级分明、硬性管控的学生管理模式进行优化革新,使其向以中心多元化为本质特征的社群化管理模式变迁。

二、高校人才培养方式创新需要学生管理模式变革

伴随着我国高等教育大众化和"双一流"建设的持续推进,高等教育的发展重心已由之前重规模的外延式发展转向了重质量的内涵式发展,创新型人才培养目标的提出、学分制与弹性学制的推行、书院制等新组

---

①钟霖瑜.网络时代高校学生管理工作的问题及对策[J].读书文摘,2017(8):62.

织形式的出现,也为高校学生管理带来了新的挑战。

(一)创新型人才培养提出了新的要求

信息技术的发展使知识生产、保存与传递让位于互联网络,社会生产方式的转变使经验模块化的工业制造让位于创新更替型智能智造,此时高校存在的价值使命发生了相应变化。其主要任务除了传统的传承文明与培养劳动者之外,更为强调满足知识经济增长、社会结构转型与综合国力提升的需要,从学生生命意义与个人价值的实现入手,培养能为各行各业发展做出创造性贡献的创新型人才。

一般而言,创新型人才理应是开放性的、多元化的与个性化的,不仅需要富有灵活、开放、好奇、冒险等个性,还要拥有拔尖的专业才能、敏锐的创新能力、较强的学习能力等智能,更需要具备强烈的社会责任感、崇高的历史使命感和永续的批判变革精神等品质,而这些素质多是在自由、民主与宽松的环境中通过多元化与个性化教育培养而来。但纵观当前的科层化高校学生管理模式,过分强调以相对封闭的班级为基本组织单元来集中开展工作,依靠权力隶属关系对学生进行强制控制与规范管理,采用同质的、一元的标准进行统一评价等。凡此种种,皆表明学生被管得过紧、盯得过死,自主探索和自由学习的空间极其有限,无法保障学生的志趣挖掘、独立思考和主动创新。长此以往,在适宜创新型人才成长的多元化环境缺失的情况下,按照同一个标准和同一个规格培养学生,学生最基本的精神发展需求得不到满足,个性特点和发展潜质也得不到尊重和发挥,严重阻滞了其多样化、差异化与个性化发展,必然难以培养出助力于社会发展的创新型人才。由此可见,人才培养目标的转变向学生管理方式提出了新的要求,高校亟须建立能够确保精神自由与行动自主的管理模式,为创新型人才培养提供宽松的环境与合适的发展空间,使其能够作为管理主体来自主发展、尝试与探索。

(二)学分制与弹性学制引发新的问题

为全面优化创新型人才的培养过程,有效促进高校教育教学质量的提升,从而更好地满足网络时代对多层次人才的需求,我国高校普遍实施了学分制与弹性学制,以对传统的教学管理制度进行革新。与过去重教学目标管理而轻教学过程管理的学年制相比,学分制更强调对教学目标与过程进行统一管理,这一转变既为学生的自主学习、个性发展、特长发挥创造了条件,也给原有的学生管理模式带来了诸多挑战。

在管理理念上,学分制允许学生自主选择学习课程、进程、地点与方式等,使得学生在教育教学中的主体地位愈发凸显,学校必须将管理的关注点由行政事务转移到学生本身,主动适应学生的个性化发展需要,传统以制度为中心的管理理念显然与此相违背。在管理形式上,课程的自由选择打破了学科、专业与年级的界限,班级的概念在此过程中逐渐被淡化,传统的学生管理失去了固定的实施单元。同时随着可自由支配时间的不断增多,学生的日常活动空间也开始转向社区、宿舍或社团,院系对学生掌握与控制力度的日益弱化。这种松散式的教学与生活方式增加了管理对象的不确定性,难以依靠旧有的集中管理形式进行规范管理。在管理方法上,学分制下的校园管理秩序极具动态性、灵活性与开放性,若继续对学生进行直接、有形与硬性的监督管控与纪律约束,不仅会大大增加学生管理人员的工作难度,还会限制学生自主性与创造性的发挥。此时就需要充分激发学生自我管理与自我约束的内驱力,推动管理方式由他律向自律转变。在管理内容上,教学管理制度的变革导致学生面临诸多新问题,包括在充分拥有选择自由权的情境下,个人学习课程、培养目标与发展方向的确定;在各方面竞争日益激烈的背景下,个人学业压力、心理困惑与焦虑情绪的排解;在可自由支配时间增多的前提下,个人兴趣实践、社会实践与科研实践等第二课堂活动的参与;在毕业时间不一致的情况下,个人就业信息的获取、职业生涯的指导与就业派遣的办理等。这些情况倒逼高校根据学生多样化的实际需要,增添教育性、指导性与服务性的工作内容。由此可见,学分制与弹性学制的实施为学生的自由发展拓展了空间,高校必须要由有形、集中、硬性的管理模式向无形、松散、柔性管理模式转型。

(三)书院制等新的组织形式带来冲击

自由选课制、弹性学分制、后勤服务改革等推行后,学生生活区逐渐开始承担生活、学习和社会活动的诸多职能,由过去高校的学生管理盲区转变为教育重要阵地。为充分发挥这一地理区间的人才培养作用,高校在学生宿舍这个最基本单位的基础上,建立集生活空间与教学空间于一体的书院。毋庸置疑,组织形式的转变必然会引发学生管理的一系列变化。

第一,由于书院没有严格的垂直式层级关系,难以采用纵向形式传达行政命令与分配工作任务,书院的各管理部门与学生之间若要进行联系,一般多通过横向的双向反馈和多元沟通实现,这对自上而下"命令—服从"的管理方式产生了冲击。第二,由于宿舍替代班级成了书院的管理终端,学生活动区域分布便呈现分散的态势。为实现学生管理工作的全面覆盖,高校开始根据学生宿舍的地理分布情况进行网格划分,依据职责合理配置网格管理人员,基于大数据技术建设管理信息平台,进行信息化、数字化、智慧化的网格管理,这对传统以班级为载体的集中管理形式产生了冲击。第三,扁平化的组织架构使得管理重心下移,除了学校与书院的管理组织机构对书院工作进行统筹指导外,还需要充分激发学生参与自治的主观能动性,由学生组成学生管理委员来实行民主管理以及各学生自治组织和社团积极参与管理,这对管理人员的单一主体地位产生了冲击。第四,由于书院承担着"全员育人、全过程育人、全方位育人"的使命,具有理念组织、文化组织、教育组织、学生管理组织、拔尖人才培养的复合型教学组织等多种性质定位,所以要求学生管理工作更需要聚焦于教育方面,例如,通识教育、思想政治教育、心理健康教育、学业引导以及行为养成教育等,这对传统重行政事务的管理内容产生了冲击。总而言之,书院制具有管理层级扁平化、管理形式网格化与管理重心下移化的特征,为更好地适应这一新组织形式的需要,高校亟须将科层制下的集权式管理转变为松散型的互助式服务。

三、社会交往方式变化推动学生管理模式变革

互联网信息技术的发展改变了人们的生活方式,网络社群逐渐代替科层组织成了交往的更重要形式。这种交往方式对当今大学生的思想观念、价值取向、价值观等方面产生了深刻影响,从而对高校学生管理模式提出了新的要求。

(一)网络社群交往提出管理变革要求

互联网的普及在一定程度上打破了时空的限制,以互联网为纽带的线上交往正成为年轻一代的主要沟通方式。特别是大学生,他们更多地

习惯于通过手持智能终端和海量的微型应用,根据个体需求组建或加入性质、类型、功能各异的网络社群。随时随地在这些开放、互联、共享的社群平台,通过交流互动来寻找志同道合或处境相类似的人,主动与其进行以主体符号化、关系多元化、过程虚拟化与范围无限化为特点的自由交往,从而获得情感依托、精神共鸣和群体归属感。

一般而言,学生经常使用的网络社群类型覆盖到日常生活的方方面面,主要包括以 QQ 群、微信群、MSN 群等依托即时通信工具形成的沟通交流类社群,以依托微博、贴吧、知乎等网络应用平台形成的信息分享类社群,也包括以百度传课、新浪公开课、腾讯课堂等为代表的在线教育类社群,以豆瓣小组、QQ 兴趣部落、虎扑体育等为代表的兴趣爱好类社群,以大众点评、淘宝、口碑等为代表的生活服务类网络社群等。这些社群近乎与学生的多样化需求全方位对接,实现了与学生日常学习生活的全面融合。在此背景下,以封闭性、等级性、规范性为交往特点的科层化模式无法满足其交往需要,在管理过程中逐渐暴露出一系列问题。这些问题促使高校必须从学生的社群化发展需求出发,借助互联网信息技术来构建新的管理模式,以保证学生交往实践活动能够回归到社群本身。

(二)学生时代特征变化引发管理问题

通过对网络社群运行的核心思路加以分析可知,网络社群的运行并非依赖单一主体的理性设计,而是更多地凭借群体成员的自发互动、建构与整合。正是在自主参与和共同构建社群的过程中,学生日渐呈现出较强的主体意识、参与意识、法治精神、民主精神等时代特质,不再停留于以往对权威毫无异议地接受,而是强调个人多元需求、自由选择、个性发展与人生价值的实现。

由此可见,学生所具备的这些时代特征与传统高度集权的科层化管理之间存在着明显冲突,主要体现在:权力高度集中的管理制度使得学生沦为被动接受管束的客体,其参与管理的自主性、自发性以及能动性在对上级指令的依赖中逐渐丧失;整齐划一的管理方式使学生的选择自由受到限制,严重阻滞了学生的多样化、差异化与个性化发展;以相对封闭的班级为基本组织单元进行集中管理,在一定程度上限制了学生跨学科、跨文化、跨地域的交流互动;依靠权力隶属关系进行制约的管理组织因缺乏必要的民主监督而滋生权力寻租问题,与学生接受长期教育所形成的公平、正义、秩序等法治意识背道而驰等。这些矛盾的日益显露使得现有的学生管理制度失去了应有效力,最终导致高校学生管理质量大打折扣。在此背景下,高校亟须引进与学生时代特征相契合的管理理念,对学生管理模式进行优化与革新,使学生通过自我管理、自我教育和自我服务来满足个人发展需求。

第二节　网络社群背景下高校学生管理模式的构建

一、社群

(一)社群的含义

"社群"一词古已有之且含义丰富,从词源上看,"社群"的词源是希腊语 Koinonia,英文为 Community,其词根 com、muni 分别意指"一起的、共同的、公共的",同时有很多专家学者在实践研究过程当中,将 Community 译为"共同体"。所以从整体上来看,"社群"是具有相同之处的社会成员所聚集起来的一个团体,即具有同样目的和特点的社会单元。社群的共同之处主要包括身份、价值以及宗教等,此外,比如国家、城市等共同的地理区域或虚拟空间也涵盖其中。从历史溯源的角度看,亚里士多德在《政治学》当中就最早提到了"社群"这一概念,在书中,是对"城邦"这一概念进行解释,也就是当代政治社群。在他看来,家庭、村坊先于城邦产生,家庭是最简单形式的人类共同体,若干家庭、追求某种"至高而广涵"的善业为目标的社会团体。

简言之,人类在社会当中为了追求善而产生某种行为,而如果人类为了达到统一的追求善的目的时,会形成一种团体关系,即社群。德国社会学家斐迪南·滕尼斯在《共同体与社会》一书中指出:"社群的形成基础主要是人们出于本能的中意、习惯、记忆等相关意志,从而形成不同的社群表现形态,例如亲属形态、邻里形态等。"此后,美国社会学家丹尼尔·

贝尔、英国牛津大学政治学教授戴维·米勒等众多社会学家分别从不同的角度对社群进行界定和释义。

本文所指涉的"社群"是指由两个及两个以上的人基于某种共同性而集聚形成的社会群体,具备相对稳定的群体结构、相对明确的成员关系、成员保持密切联系和形成明确的共识等核心要素。

(二)社群的特征

1.共同目标

只有每个社群成员形成共识,树立共同目标,社群才能保持稳定和长期存在。基于共同目标之上,社群成员才能够确立对社群的认同感和归属感,并为实现共同目标而协作奋斗。

2.指导规范

社群的良好运营离不开指导规范和行为准则,有了这些规范、准则的指导和约束,社群成员之间便能更好地交流互动,保持紧密联系,为维护社群的利益而协同合作,引导社群成员在不同场景下正确行动。

3.协同创造

社群是由不同个体聚集形成的群体,每个个体在社群中的分工不同,都有属于自己的角色价值,只有个体间分工明确,通力合作,协同共创,才能保持行动一致,进而实现社群目标。

二、网络社群

(一)网络社群的概念

网络社群是互联网时代的产物,网络信息技术的快速发展以及人际交往的强烈需要是网络社群产生的技术基础和社会背景。"网络社群"一词最早出现在20世纪末,美国学者霍华德·瑞恩高德在《虚拟社区:电子疆域的家园》一书中针对网络社群这一概念做出了定义,指出,在网络社群当中,社会成员会通过长期的信息交流来分享自身的情感和生活,所以交流双方保持着一种犹如朋友般的关系,互相倾听,互相倾诉,在此基础之上,进一步密切了交流,增进了双方的情感,从而在网络社群当中形成以某一社会成员为中心的人际关系网络。在我国互联网信息技术迅速发展的背景之下,社会成员对于网络社交的需求也越来越多,因此,当前越来越多的社会成员积极参与网络社群当中。国内专家学者在对网络社群进行研究的过程当中指出,社会成员通过网络社群能够建立密切的网络关系,这是依附于互联网平台所开展的社会活动,但是又有不同于社会活动的一些特性,人们在网络社群活动的过程当中,会形成一个以自我为中心的网络人际关系,从而构建共同活动的网络团体。所以网络社群是指在各种类型的网络应用平台中基于相同的目标与期望且存在一定的社会关系的聚集体。

本文网络社群指两个及以上的个体依托互联网技术和虚拟空间平台,基于共同的兴趣、需求或利益有组织或者自发形成以信息分享、学习交流和社交互动为主的社会群体。

(二)网络社群的特征

1. 互动过程的超时空性与开放性

人们在现实社会交往过程当中,主要通过面对面的形式来进行交流和沟通,所以人们的交往会受到外界因素的影响,例如,只有存在关系的两个人才能够产生社会交往,即在工作、地点、时间以及血缘等一系列因素的影响之下,处于同一社会层级的人才会进行交流和沟通。而在网络社群当中,社会成员可以突破时间和空间的局限性,在这个开放性的平台当中,与陌生人进行互动和交流,他们可以自由地选择自己想要交往的对象,并且还可以与多个不同的人进行交往和互动。所谓超时间性,就是指在网络社群交流的过程当中,不一定需要立即回复,交流双方都可以根据自身的实际情况选择在任何时间或任何情况下回复,所以从某种程度上说网络社群的互动超越了时间;但是在现实社会交流过程当中,当交流双方当中的一方发出信号时,另外一方需要针对所发出的信号,立即做出回应,或者在短时间内对信号方回应。超空间性是指相对于现实空间来看,网络社群中的人际互动突破了物理空间对人身的限制,人们可以在"地球村"的任何地方进行人际交往,只要交往者愿意即可进行互动,使互动空间变得无限广阔。网络社群互动的超时空性和开放性是紧密联系在一起的,现实社会人际交往总是在特定的时间和空间背景下进行互动,而特定的时空背景就会把不符合这种条件的某些人排除在外;网络社群的超时空性互动逐渐模糊了人们对陌生人的概念,只要网络社群对外开放,任何人都可以凭借社群平台进行沟通和交流,允许人们在虚拟的时空环境中自如穿梭,使互动过程具有很强的开放性[①]。

2.行动空间再生产中的虚拟性

网络社群为人们创造了虚拟的互动空间,使人们在网络社群空间的实践活动当中表现出虚拟性的特点,人们在现实生活当中进行人际交往时总是会考虑对方的各种因素,根据其外在特征来推测对方身份,进而思考下一步的行动。而在网络社群中,人们可以凭借符号来隐藏自己在现实社会当中的身份,并且根据自身的需求,塑造一个想象中的自我。因此,在网络社群当中,人们可以重构自己的虚拟社会角色,塑造一个或多个与现实生活中身份不同的自我,使原来的社会地位、职业待遇、学历水平、生活质量等差异不再是影响交往的前提条件,现实社会中的各种限制在这里消失了,人的思想、情感得到最大限度地展现,变成了理想中的自己,人的"本真"状态得到了真实展露。总之,在网络社群中,人们拥有呈现自我、塑造自我的自主性,在互动过程中,人际交往不再是面对面的形式,互动双方凭借虚拟身份进行交流沟通,能够有效地避免在现实社会当中交流和沟通所产生的障碍,能够互相进行心理交流和沟通,从而达到互相宣泄的效果,使人际交往互动具有一定的安全感。

3.社会关系的平等性与自主性

现实社会中人际交往总是受到主体社会条件的制约,阶级地位等各种等级结构很大程度上影响交往互动模式。而在网络社群的互动过程中,人们隐匿身份,用符号化的角色身份进行交往,自由选择交往对象。在移动互联时代,科层制的管理方式不再有效,森严的等级结构观念淡化,在网络社群当中交往双方在实际交流过程当中都处于平等位置,具有平等的话语权;从另外一方面来看,与现实生活的人几乎都存在着根本上的差别,因为在现实生活当中,人际互动存在着多种限制因素,但是在网络社群当中,人际互动可以根据自身的实际情况来选择加入或退出,所以个体可以根据自身需求选择网络社群,不受到任何外界因素的

干涉和影响;并且进入和退出是非常方便的,每个人拥有平等的终止互动的权利,终止交往不需要一定的过程和条件。在此意义上,人们在网络空间社会关系的平等性和自主性得到充分展现,有利于情感交流、展示个性,激发人们的主动性和创造性。正是从这个意义上讲,网络社群的出现和发展,实际上是在传统社会运作流程和组织模式上的一种改革和创新。

4.秩序建构中的扁平化与多中心性

现实生活中的社会交往活动往往受到诸如职业、身份、地位等现实因素和等级结构、规范以及风俗习惯等社会制度的影响,导致互动双方难以实现交往关系上的平等。而网络社群互动的超时空性和开放性,使交往活动不再要求时空的一致性以及面对面的形式,社群成员自由交往,不受现实因素的影响,从而使网络社群互动相对缺乏规范性和社会性;同时,网络社群互动的虚拟性和匿名性,淡化了现实的身份要素,有利于个体充分表达意愿,使现实社会生活中互动所要求的规范、风俗习惯不再有效。所以在网络社群当中,每一位社群成员都是平等的,他们都拥有平等的话语权,正是在这种平等自愿的关系之下,才能够形成一个和谐的社群环境。从整体上来看,网络社群实际上是一个公共领域,在这个公共领域当中,每一位成员都享有平等的身份,因此,这公共领域是以每一位社群成员为中心的领域。网络社群秩序建构中的扁平化或多中心性使社群成员自主参与、自由表达、共享资源,为互动者提供了前所未有的便利条件。

5.群体成员的异质性较高

网络社群实际上是同一兴趣爱好或者对某一事物具有认同感的社会成员聚集起来的一个团体,不同于成员同质性较高的现实社会群体,网络社群的群体成员的异质性较高。由于网络社群具有超时空性、开放性、虚拟性和匿名性等组织特征,不同社会属性的人们可以根据自己的兴趣爱好加入一个或者多个网络社群,并且可以在网络社群当中找到自己所感兴趣的群体或空间,因此,网络社群包括不同知识背景、职业等社会属性的成员,使网络社群成员呈现出鲜明的多元化特征。

（三）网络社群的分类

网络社群的种类很多,分类方法也很多,由于划分方法不同,形成了类型各异的网络社群。在对网络社群进行划分的过程当中,可以分别以网络社群成员的互动模式和实效作为划分依据,分为以新闻组、电子邮件为代表的异时性互动社群和以视频互动、网络聊天为代表的共时性互动社群;根据群体结构作为划分依据,可以分为"圈式"结构社群和"链式"结构社群,比如,以 BBS 类为代表的论坛社区类是"圈式"结构社群,以 SNS 为代表的社交媒体类则是"链式"结构社群;根据网络社群组建和形成的主要维系点,划分为兴趣型社群、话题型社群、关系型社群、利益型社群,等等。

（四）网络社群的功能

1. 导向功能

网络社群具有价值导向和行为导向功能。在网络社群中每个社群成员都可以发送和获取信息,由于自身需求的差异,个体对信息的选择不同,传递和接收的信息具有差异。社群成员借助网络社群平台传递自己的信息过程中实现了不同的价值倾向的相互碰撞,有利于不断吸收积极正向的思想观点和价值观念,在不同的价值取向中去粗取精,实现对社群成员的价值引导。并且在价值导向的基础上,影响社群成员的行为。思想指导行为,社群成员通过正向的价值导向,提高明辨是非、分清善恶的能力,从而在正确价值观念的指引下约束和规范自己的行为,在实践活动中做出合理的行为选择。

2. 沟通功能

一方面,网络社群作为交流沟通平台为资源提供了共享的渠道,它可以承载涵盖经济、政治、文化等诸多方面和文字、语音、视频、图片和网页链接等类型多样的信息,社群成员可以根据自己的需求选择信息资源,并通过群内分享和群外转发实现社群资源的共享。此外,网络社群实现了人际互动的平等性和自主性,社群成员可以自由表达、展露自我,成员之间实现情感交流,提供人文关怀,使社群成员在心理和情感上得到满足,建立良好的人际交往关系,实现有效沟通。

3.同化功能

网络社群是人们基于某种需求组建而成的集合体,在这个虚拟空间里,社群成员之间相互影响,长此以往,就会产生一定的趋同行为,最突出的就是榜样示范作用。网络社群里的成员异质性高,具有不同的社会地位、经济能力、知识水平等条件,其中综合素质突出的优秀者具有强大的说服力和感召力,能为其他成员树立良好的榜样,通过以身作则发挥正能量作用,使其他成员受到高尚道德的熏陶,有利于塑造科学合理的价值观念,获得思想进步,做出积极行为,实现自我发展。

三、网络社群背景下高校学生管理模式的建构

(一)网络社群管理的基本特征与组织要求

1.网络社群管理的基本特征

透过区块链系统、网络社群、虚拟组织、自治组织等具体的网络社群管理实践可见,社群化管理多指在缺乏绝对的中心强制性控制的扁平化组织架构中,拥有某种共同愿景和行动旨趣的多元主体,秉持平等、自愿、互惠、互利等原则,在基于交互行动而形成的群体规范、激励机制、约束机制等外在规则与价值认同、群体共识、组织文化等内在秩序的共同驱动下,通过网络状的动态交互、协作与共享来实现组织目标的非线性管理方式,其中隐含着柔性化、民主化、法治化与信息化等基本特征。

(1)柔性化:以人为本的价值取向

以科学行为管理理论为支撑的柔性化管理是一种将"以人为本"作为核心价值取向,强调依据管理对象的自身心理与行为规律对其进行软控制的非强制性管理方式,具有人本性、内驱性、权变性与持久性等主要特征。相较于旧有的凭借规章制度、纪律规范和奖惩规则等手段进行强制约束的刚性管理,柔性化管理的主要优势在于充分关注人的价值、尊严与需求,强调通过利用人性解放、权利平等、精神激励等人性化管理方式来激发人内心的潜在说服力,从而使其能够依靠主观能动性将组织意识转变为自觉行动。事实上,社群化管理模式的运行充分凸显了"以人为本"的柔性化管理倾向,主要体现在扁平化组织架构的建立使得权力在很大程度上被分散,这意味着同时作为管理者与被管理者的组织成员占

据了主体地位,能够在地位平等、参与自由、秉持共识与遵循秩序的前提下,更多地依靠组织文化熏陶与物质精神激励所带来的内在驱动力,主动参与组织管理并积极进行自我管理,以在实现组织目标的过程中更好地满足个人物质与精神方面的差异性发展需求。由此可见,社群化管理在运行过程中透射出以人为本的柔性化取向,符合当前社会组织管理变革的基本理念要求和趋势走向。

(2)民主化:多元参与的共治理念

民主既是现代组织管理制度价值构建的关键所在,也是现代化社会治理模式蕴含的本质特征,故而社会组织在运行之中需要将民主理念贯穿于各个环节,主要表现为组织秉持多主体协同共治的基本理念,从以规范性文件为主要构成的管理实体与囊括管理步骤、方式、时限的管理程序这两方面入手,沿着民主参与、民主管理、民主决策与民主监督这一明晰路径展开行动,旨在从目的与过程两个层面保障民主思想融入管理全过程。社群化管理作为目前社会组织管理变革的基本走向,其运行的各个环节自然也集中体现了上述民主化特点。例如:组织内部的多元主体基于共同愿景集体参与组织的构建与管理,有效落实了民主参与的要求;多元主体在决策达成共识的过程中多遵循"少数服从多数"的原则,一定程度上凸显了民主决策的理念;多元主体随时可通过开源共享的数据库对管理信息追本溯源进行审核,无不发挥了民主监督的作用等。一般而言,这种以"多主体参与"为基本要义的民主化管理方式在一定程度上可弥补中心化集权管理的不足,既能够保证利益相关者的民主参与权得到有效落实,又可以利用主体间的相互制约来避免权力寻租问题的滋生。

(3)法治化:动态平衡的运行机制

法治化管理是全面依法治国背景下完善社会治理体系及提升组织治理能力的基本任务与重要诉求,其尤为强调用法治的手段和方式将相关权力、责任及运作全过程进行法律意义上的规制,并将法治的理念、思想、原则和方法贯穿到管理的相关实践之中,如通过加强法律体系建设、规范严格执法行为、保障管理程序正义、完善权利救济制度等途径,确保组织在法治框架内形成规范、协调和平衡的管理秩序。鉴于法治化管理更具有操作性、规范性和程序性,能够有效避免行政化管理的主观性、随意性和强制性,当前社会组织已日渐将法治思维与法治方式融入管理工作之中。在某种意义上,社群化管理的运行也是一个依照正当程序重复执行的动态过程,主要体现在组织依照国家法律法规精神的指导建立完善的规章制度体系,并将其作为依据建立了扁平化的权力结构形式,进而设定了公平、正义、理性的组织运行规则与规范,以此指导组织成员依照信息共享、团队组建、权责划分、中心诞生、中心运行与中心解体这一正当程序有序参与项目的运行管理,同时利用完善的制约机制、考核机制与监督机制等对过程及结果的有效性予以保障。这一动态的运行机制体现了对实体正义与程序正义的双重追求,能有效平衡和协调组织内部的权力关系,在一定程度上凸显了法治化治理的理念。

（4）信息化:高效智能的管理手段

随着信息技术的高速发展与信息化建设的深入推进,人类社会逐渐向以数字化、网络化、智能化为表征的新信息时代转型。依托网络通信技术、计算机技术、大数据技术和人工智能技术等现代信息技术手段,在建立系统完善的信息管理系统、充分开发利用内外部的丰富资源及有效促进信息交流与知识共享等基础上,优化与信息化建设内在逻辑相适应的组织管理逻辑,重塑以组织理念、组织文化、管理制度与组织结构等为要素的管理模式,已成为当前社会组织管理创新发展的必然趋势。社群化管理作为现代信息技术与先进管理理念深度融合的产物,在运行过程中必然贯彻了信息化的核心思想;一方面体现在管理手段的网络化,即利用网络技术建立集信息存储统合性、信息存储安全性、信息内外共享性、信息互动多向性等于一体的信息管理平台,以此作为服务于组织运行与成员发展的重要工具,确保在层级结构短缺且组织中心多变、成员分布分散且直接交流缺乏的社群化环境中,实现各方管理信息的储备完整、快速流通与开放共享;另一方面体现在管理流程的智能化,即利用大数据的思维和技术来智能化地挖掘成员的相关数据资料,并通过进一步的数据分析与处理来分析特征与预测趋势,使得组织中心能随时了解工作开展情况以及成员各项需要,进而优化各项资源配置的同时提供个性化支持服务。总体来看,信息化思想的充分融入能够有效实现社群化管理即时性与便捷化同显、全过程与全方位叠加、扁平化与智能化并进。

2.网络社群管理的组织构成

通过对社群化管理模式的基础架构加以解读可知,该模式一般由分散式权力结构、扁平化组织结构、共享的信息平台、共同的组织愿景、自发的信任机制、柔性的激励机制、合理的约束机制、良好的协同机制这八个主要部分构成。

(1)彰显民主的分散式权力结构

在以中心多元化为实质的社群化管理模式中,各主体间相互关系已由自上而下的直线命令转向了平等互利的合作网络,这就意味着组织内部应形成分散式的权力结构。具体而言,社群化管理模式中的分权主要通过两条途径实现:一条是组织设计中的权力分配,主要是指资源配置、事务决策、奖惩实施等权力不再高度集中于管理部门,而是逐渐向各部门、团队与个人等多元主体转移,最终在组织内部形成多个潜在的权力中心;另一条是工作过程中的权力授予,主要是指围绕某项工作形成的权力中心为充分利用专门人才的知识和技能,根据工作的实际特性针对性地分配具体任务,并将相应的解决问题的部分权力委任给团队成员。权力的分散有利于组织内部形成自由、宽松与开放的环境。首先,可以充分激发内部成员的主观能动性与主动创造性,通过广泛汇聚个人才智来持续提升组织的创新活力;其次,另一方面可以最大限度地发挥不同主体的长处与优势,使其依据实际情况来因地制宜地灵活处理问题;最后,能够有效遏制管理部门职能的越位、缺位、错位问题,保障组织管理运行的民主化、规范化与科学化。

(2)高效灵活的扁平化组织结构

权力分配关系是组织结构的灵魂所在,组织结构的构建必然是权力分配关系的直接、反映。社群化管理的分散式权力结构决定了组织运行不能依靠传统的层级控制,而是需要建立与之对应的扁平化组织结构,以保证多元主体明确各自的职能分工和权责界限,从而形成具有为达成一致目标而共同行动的稳定管理秩序。

事实上,社群化管理所需要的扁平化组织是一种静态构架下的动态组织结构,其外在表现形式为固定的组织形态与机动的计划小组并存。固定的组织形态是指个人、团队与部门等围绕共同愿景而组成网络状联合体,这些多元主体作为组建网络结构的重要节点,兼具组织管理者与被管理者的双重身份,具备地位平等、操作独立与联系自由的特质,不同节点之间可以进行点对点的直接信息交流与共享。机动的计划小组是指不同节点为完成某一特定任务组建临时性协作团体,在保障信息共享深度与广度的前提下,合理分工使成员明确各自所扮演的角色及承担的任务,进而通过密集的多边联系与交互式合作来达成共同追求的目标。与过去一贯采用的多层级组织结构相比,这种扁平化组织结构既能够避免信息经层层筛选与加工后失真、失效及流失等问题的产生,一定程度上提升组织内部信息流通的高效性与事务处理的准确性;又能够降低人员众多的大规模组织的协调难度和运行成本,有效增强组织面对内外部复杂环境变化时的灵活性与应变性;还能够打破主要工作集中在管理层级内部开展的封闭式管理桎梏,充分调动全体成员参与组织管理运行的积极性与主动性。

(3)自由畅通的信息共享机制

在成员分布分散且中心动态变化的扁平化组织结构中,多元主体间信任关系的成功建立及工作的有效协同需要以畅通的信息流动为基础。这就要求组织依托先进的网络技术建立完善的信息共享机制,以实现各方信息的储备完整、快速流通与流畅交互。实际上,社群化管理模式中的信息共享机制肩负着两个方面的使命:一方面是解决信息整体流动的开放性与均衡性问题,主要指打破组织内部的信息壁垒,使得信息资源可以自由流转、相互碰撞与交叉融合;另一方面是解决特定目标之下相关主体间的信息沟通问题,主要指促进相关主体之间直接或间接的高效沟通,及时满足其对当前工作的信息需求。围绕上述这两个方面使命,社群化组织多通过畅通个体间多形式交流、群体间多元化交互、专门平台集中整合与个体分门别类整合等多种渠道来开展具体实践。诚然,信息共享机制的建立对社群化管理模式的不断巩固和自我完善大有裨益,突出体现在其能够保证信息资源的快速和实时传输,使得多元主体明确自身权责及每项任务的来源和进展,能够在信息公开透明的环境中进行有效联结,随之在广泛参考多方面信息的基础上做出正确的决策,并通过促成知识的跨边界融合来推动知识的持续创新。

(4)互利共赢的共同组织愿景

确立共同的组织愿景是增强组织内部凝聚力的基本条件。尤其是在依赖柔性关系契约维系的较为"松散"的网络状组织结构中,组织的良好运转与持续发展主要依靠多元主体的协同共治实现。在此种多元主体的个人愿景存在差异的前提下,若要确保组织的发展朝着正确方向行进而不产生偏移,最大限度地激发各主体主动参与组织运行的内在驱动力,有效提升组织内部联系的紧密性与行动的一致性,就必然需要形成共同的组织愿景。社群化管理的共同愿景可以理解为组织及其成员在提炼、汇聚和整合个人愿景的基础上,建立的关于组织未来发展的共同愿望、理想或目标,其构成主要包含组织的景象、目标、价值观和使命这四个方面。其中,景象是对未来组织所能达到的一种状态及描述该状态的蓝图,目标是指组织期望在短期内可以达到的阶段性具体目标,价值观是组织为实现蓝图及达成目标所遵循的基本原则,使命则是代表了组织存在的根本理由。这些要素之间相互联系、相互依存且相互作用,致力于激励组织成员主动参与组织建设并充分发挥自身潜能,最终使得个人与组织实现双赢。

（5）多重驱动形成的信任机制

内部的高度信任感是促进成员信息共享的前提条件,是推动成员通力协作的重要基础,也是确保成员顺利达成共识的关键所在。社群化组织中分散的各主体多互不相识,但却要为达成共同的目标任务而组建成相对封闭的小团队,通过相互协作来共同推动管理活动开展。在这种无权威机构、身份、地位等维系信任的前提下,为确保彼此能无须猜忌和防范地进行沟通合作,组织成员需要以内外部强有力的监督机制为保障,自发建立使彼此联系更为紧密的利益联结与情感纽带。一般在社群化组织中,以利益与情感为基础的信任关系主要通过三条路径建立:第一条是形成共同的身份认同,即成员意识到内群体成员的相似性以及与外群体人员的差异性,自发产生属于同一个组织和"自己人"的观念,形成全体成员均拥有同一组织身份的认知,与借由这种共同身份认同来拉近彼此关系,减少交流与协作过程中的猜忌与隔阂;第二条是确定共同的组织愿景,即组织在整合个人目标的基础上确定共同的组织目标,并基于共识形成有效达成该目标的价值准则与行为规范,成员将组织的目标、价值和规范内化为其自身的认知决策参照标准,从而在较为一致的行动中增进信任;第三条则是采取互利行动,即成员通过互动来进行互利互惠的利益交换及你来我往的人情交换,基于工具性动机与情感性动机发生持续性的交换关系后,双方会对彼此之后的可信赖行为抱有极高的预期,进而产生一定的心理性依赖。在这种高度信任、充满包容、互相帮助的人际氛围中,成员既能够充分意识到自己之于对方的价值与意义,满足自我实现的精神需要,又能够不断增强自身的团队精神以及协作热情,最终高质量地完成工作任务。

(6)内外并重的成员动力机制

动力机制是管理系统中产生工作积极性的机制,其作用在于充分激发组织成员的主观能动性与主动创造性,进而推动组织共同利益与成员个人利益的有效实现。在社群化组织中,金字塔式层级关系的消失极大排除了内部权力差序,已无法依靠外在权力隶属关系来要求成员参与组织运行,只能通过较之以往更为柔性的方式来调动成员的工作动机。尽管共同愿景的形成在一定程度上起到了激励作用,但依然难以加强、引导和维持组织成员的参与行为,故而需要组织内部形成系统完善且切实有效的动力机制。一般而言,组织外在激励与个人内在驱动是社群化组织持续运行的主要动力来源。就外在激励而言,组织一方面通过改进工作设计、丰富工作内容、确保工作自主、提供教育培训、实行目标管理、营造组织文化等方式增强工作自身的吸引力、刺激性与挑战性,从过程与结果出发提升组织成员的工作兴趣及其带来的满足感;另一方面施行荣誉表彰、职务晋升、工作环境等精神激励以及薪资津贴、金钱奖励、福利待遇等物质激励,借以满足外在需要来调动成员参与的动机。就内在驱动而言,成员一方面认识到自身发展与组织发展之间的紧密联系,树立强烈的工作责任感与使命感,从而将参与组织管理并进行自我管理转变为自觉行为;另一方面将生命意义的实现与个人价值的发挥作为最高理想,为满足自我实现的内在需要而主动进行价值创造。唯有如此,组织成员在管理过程中才能获得组织归属感、高度成就感和自我认同感,才能由外铄的"要我参与"的被迫适应转变为内生的"我要参与"的主动追求,从而保证社群化管理工作开展的实效性。

(7)内外结合的组织约束机制

完善的约束机制是组织管理中必不可少的构成部分,其作用在于将组织成员的行为限定在共同遵循的内部秩序框架内,对偏离组织规范与扰乱管理秩序的行为进行调节与修正,以确保组织能够按照既定规则正常运转。特别是在权力分散至各主体的社群化管理中,每一组织成员的行为具有极强的目标利益导向,基本都试图在落实共同组织愿景的基础上追求自身利益的最大化,如不加以约束则会使组织在运行时陷入无序状态,最终影响个人目标与组织目标的顺利达成。因此社群化组织在充分保障主体权力合法运用的基础上,形成了由个人角色约束与集体规范约束共同构成的内外部约束机制。其中,个人角色约束是指成员根据与组织及其他成员之间建立的心理契约,明确自己的角色定位、责任义务、目标需求与道德要求等,从而主要依靠这种个人内在要求的力量驱动,在动态参与管理的过程中对自身行为决策自发地进行调控。集体规范约束则是指从组织管理涉及的各个方面出发,在国家相关法律法规规定的范围内,基于交互行动而形成的群体规范制定科学的内部规章制度,对各权力主体的管理范围、管理权限、管理方法、管理反馈等方面做出规定,保证主体行使自治管理权的行为合法性与程序正当性。与科层组织中仅依靠层级权力及硬性制度进行约束相比,自我约束的加入能够加快成员生存和发展这一内在价值的觉醒,使其为了追求发展而保证行为时刻与动态变化的复杂组织环境相适应,最终通过个人的有效管理来促进组织整体管理秩序的稳定。

(8)以文化为引领的协同机制

组织由无序走向有序的关键在于其内在的协同作用,而建立良好的组织文化无疑是引导协同的重要路径。事实上,组织文化是全体成员共同遵循的价值观念、精神取向与行为准则等群体意识的总和,其主要通过采用内隐与外显相结合的方式,在物质、行为、制度与精神等层面对组织成员施以持续影响,引导群体成员形成一种具有正向推动作用的心理定式,以此自我驱动地开展与组织目标要求相匹配的活动。尤其是社群化管理中只有职责之分而无权力差序,组织便不再将硬性的规训化方式作为塑造人的主要途径,而是更多地利用柔性的文化来影响人的行为。因社群化组织需要依靠地位平等但分布较散的众多主体充分发挥主观能动性,通过自发地交流协作来协同参与管理和进行自我管理,并借助相互竞争来使管理秩序向协调有序的方向演化,最终保证组织目标与个人目标能够顺利达成,所以其组织文化中必然要蕴含与之相适应的服务、平等、互信的价值取向及互利、自主、竞争、协商、规则的行为准则等精神内核。这些良好的组织文化利于成员间的信任建立与情感沟通,增强分散的组织成员之间的凝聚力,充分激发其在管理过程中的竞争与协同意识,从而致力于共同规则的制定、共同行动的形成及共同目标的达成,不仅能够为组织的高效有序运转注入持续动力,还可以满足组织成员自主创造价值的精神需要。

3.网络社群管理运行的基本机理

(1)共建:围绕项目组建高度授权的临时中心

在主体分布呈网络状形态的社群化组织中,单个或多个主体就某一任务在高度共享的信息管理平台上进行信息共享,吸引对此有兴趣、需求或意愿的众多主体自愿地集合在一起,初步组建了一支由项目链接的开放性临时团队。由于聚集使内部成员彼此更为熟悉且交流更加频繁,较之内部与外部人员之间的关系产生了明显差异,此时内部自然而然地产生了一定信任。但仅靠微薄的信任无法使项目始终在协调状态下有序运行,只有强有力的授权才可能实现任务的真正落实。因此,为协助团队降低管理复杂度及提升管理效率,组织在资源配置、事务决策、绩效考核等方面对其进行赋权,使该团队成为组织中一个新的权力中心。随后团队内部再进行进一步的权力配置,在规章制度允许的范围内向成员赋予适当自主解决问题的权力,使每个成员明确各自权力行使的空间与边界,从而保障其在较为民主的环境中各司其职地开展行动。

(2)共治:基于共识自发协同地推动中心运行

内外部明确授权的临时团队建立后,成员在内外部强有力的监督保障之下,通过利益与情感的相互联系来进一步增进彼此信任。正是在这种高度信任的环境中,全体成员在整合个人目标的基础上形成共同的团队目标,基于共识确立团队内部规范制度及运行规则,同时依据项目要求来制订详尽的实施计划。之后通过民主选举来确定管理能力突出、人员配备精良且赢得成员信任的项目领导小组,以达成的共识为依据来围绕项目进行明确分工,并在信息高度共享的前提下开展密切合作。总体来看,此时团队的运行不再依靠简单的自上而下命令,而是完全依靠组织成员自主负责各自任务、自主追求协同合作、自主进行价值创造。项目领导小组可以根据情况指挥引导团队成员的行为,但却不能对其行为进行完全干涉,更多的是将管理信息及时共享给各成员,使其以此为参考来对自己负责的部分自主做出决策。

(3)共享:根据绩效考核的结果进行利益分配

团队成员协同完成项目的过程中与结束后,需要依照硬性指标与软性指标兼具的考评体系,采用平台评价、成员评价、自我评价等多元评价方式进行考核,以验证该项目的开展是否符合管理规范及达成预期目标,并根据评估结果对团队成员之后的行为进行适时引导。一般而言,项目的绩效考核主要由两部分构成:一方面,因过大的管理幅度使组织难以兼顾每个成员的行为,所以组织层面多以团队作为单位,对其整体的工作开展情况与目标达成情况进行外部绩效考核;另一方面,因团队成员在团结协作过程中彼此了解各自表现,团队层面则对每个成员的任务完成情况、职责履行程度和自身发展情况进行内部考核。绩效考核完全结束后,团队内部根据考评结果与群体共识进行均匀的利益分配,之后临时团队随着任务的结束而解体。

4.社群化思想应用于高校学生管理的适切性

(1)宏观层面:高校是由契约联结的社群组织

社群是由某种特定社会关系联结起来进行共同活动的集合体。在该集合体中,成员以一定的利益关系或情感关系为交往基础,在共同活动中形成了荣辱与共的群体意识,在持续不断的互动中确立了一致的行为规范,在分工协作中建立了相对稳定的群体结构,通过全体成员集体构建与共同维护来实现发展。正是在长期的有效互动与密切协作过程中,社群逐渐探索出了核心思想指向去中心化的管理模式,其要义是凭借群体成员的自发互动、建构与整合,在社群组织内部形成平等交流与自由兼容的共治秩序。尽管当前社群从现实社会向网络社会拓展和延伸,但网络社群同样具备上述现实社群的基本特征,所以去中心化管理模式依然成功应用于多类社群,一定程度上可以证明其在社群管理中的普适性。

若按社群的形成标准进行判断,高校本质上便是一个自主性与独特性显著的知识社群,即在法律契约关系和心理契约关系的维系下,学生、教师与管理人员等群体形成了较为稳定的结构,根据实际需要制定了较为完整的规章制度体系,根据各自身份角色进行明确的职责分工,使其在群体意识及个人意识的驱使下,共同致力于知识传授(教育)、知识生产(科研)、知识应用(服务)的职能实现。对作为典型社群组织的高校而言,如要确保管理秩序的和谐稳定及管理质量的持续提升,理应采用标准的社群化方式对内部各方面进行管理,特别是作为知识传授、生产与应用重要途径的学生管理。其实,纵观我国高校管理体制变迁的总体趋势,目前也确实由传统自上而下的行政控制向注重内外协调的民主治理转轨,更为强调治理主体的多元性、治理方式的调控性、治理功能的协同性与治理过程的连贯性。因此,社群化管理的去中心化核心思想在高校学生管理结构的重塑方面具有较强的适切性。

(2)中观层面:学生管理是特殊的交往实践活动

社群管理是依靠成员之间的平等交流与合作对话实现的交往实践活动,内部人际交往经历了一定的互动而逐步了解,到形成"主体—客体—主体"这种以实践客体为中介而联结起来的诸主体社群关系网络,再到通过持续的人际互动、交流和协作来产生利益与人情的互惠行为。毋庸置疑,自由民主的社群化管理模式便于成员之间开展交往实践活动。

(3)微观层面:学生具备参与治理的基本素质

社群的稳定运行需要依靠全体成员的共同参与,此时成员的素质要求便成了治理成功的先决条件。通过对现实与网络的典型社群进行分析,可知参与治理的成员必须具备三方面的素养:第一,要形成较强的群体意识,即成员对群体具有一定的认同感与归属感,能够意识到在社群中的主人公身份,遵循共同的群体目标与群体规范,与其他成员建立"我们"的群体感情,努力追求个人发展与群体发展相统一。第二,要树立主动参与的意识,即成员明确意识到自身的权利与义务,能够依据角色使命来积极完成个人负责的工作,并出于责任担当来主动参与社群其他方面的管理。第三,要具备较硬的参与能力,包括参与治理所需要的人际交流能力、问题解决能力、协调分析能力、组织管理能力、持续学习能力等。

(二)社群化高校学生管理的顶层设计

为确保社群化学生管理模式的运行能够方向不偏与主线不移,高校必须从管理思想、管理理念与管理目标入手进行科学的顶层设计,其主要内容是坚持民主化、柔性化、法治化与信息化的管理思想,将以人本为基础的本体价值作为工作开展的主要价值取向,围绕学生的自我发展与自我实现确立共同愿景,通过促进多元主体协调联动来实现共建共享共治。

1. 思想指导:依托柔性与信息化操作,推动民主及法治化管理

若将现有社群化组织的运行经验作为参考依据,高校理应将民主化、柔性化、法治化与信息化的多元思想作为学生管理的方向引领。就柔性化思想而言,高校在理念上应始终尊重学生在教育管理中的主体地位,最大限度地维护学生的根本利益,尽可能满足学生的差异性需要,最终促进学生的全面自由发展;在实践上简化纵向管理层级并拓宽横向管理幅度,通过建立扁平化的组织架构来提升信息流通的高效性和事务处理的准确性,运用服务、引导、内省、激励等非强制性方式作用于学生,确保学生将社会要求、道德观念、行为规范等外在要求内化为自觉行动,从而主动参与学校管理并积极进行自我管理。就民主化思想而言,高校需紧紧围绕"参与、公开、效率"的基本原则,既要制定凸显民主思想与理念的学生管理规章制度,从制度层面肯定民主参与在学生管理中的重要地位;又要建立健全民主参与、民主决策、民主公开、民主监督等实施机制,从程序层面为学生管理民主化建设提供实质保障。就法治化思想而言,高校要用法治的手段和方式将相关权力、责任及运作全过程进行法律意义上的规制,并将法治的理念、思想、原则和方法贯穿到学生管理的相关实践之中,如通过加强规章制度建设、规范制度执行行为、保障管理程序正义、完善权利救济制度等途径,来确保高校在法治框架内形成规范、协调和平衡的学生管理秩序,从而实现管理服务于高校学生自由而全面发展的根本目的。就信息化思想而言,高校应适应当代学生网络化的生活方式、学习方式与交往方式,大力推进互联网信息技术与学生管理工作相融合。以开放共享的信息化管理系统为依托,利用大数据技术来智能化地挖掘、处理与分析相关数据资料,同时通过各种算法更进一步地分析特征与预测趋势,以及时了解管理工作的开展情况及学生在校期间的各项需要,从而不断优化管理来为学生提供更好的服务。

2.理念遵循:加强多元主体协调联动,注重内部共建共治共享

当学生管理摆脱了由权威机构所带来的外部强制力控制,高校具有的由多元主体构成、因共同利益结合、靠全体共同建设的社群属性愈发凸显,社群内部每个人的利益与社群利益整体相连。在这种去中心化与去权威化的情境下,高校不应再把工作作为管理中心,将学生物化成为理性客体,过度强调规章制度的作用,采用规训化方式进行管制。而是需要树立以人为中心的基本理念,注重个人主体性的充分发挥,依托高校、学生与学生工作者等多元主体的自发互动、建构与维护,形成共建共治共享的学生管理秩序。其中,共建是学生管理的基本前提,主要是指高校内部多元主体为实现共同目标而聚集,形成主体地位平等且联结自由的网络状组织结构,确立一致的价值认同与行为准则等群体规范,建立能够保障全体成员有序行动的稳定环境。共治是学生管理的重要路径,多体现在多元主体在个人愿景与共同愿景的驱动下,根据各自所扮演的角色进行明确的权责分配,并围绕具体的管理任务进行详细的内部分工,随后基于群体规范来自发地交流、协调与合作,共同推进高校学生管理工作的高质量开展。共享则是学生管理的落脚之处,既包括多元主体进行互利互惠的协调联动,在此过程中共享管理信息与各类资源。又包括任务结束后根据个人贡献进行利益分配,确保全体参与者都能公平地享受到管理成果。总而言之,只有树立共建共治共享的学生管理理念,推进高校、学生工作者与学生等多元主体协调联动,方可保证社群化学生管理模式的正常运转。

3.愿景确立:促进学生实现个人价值,保障全面与个性化发展

在社群化高校学生管理模式中,一贯强调为功利目的服务的工具价值应居于次要位置,以人为本为基础的本体价值需成为管理工作开展的主要价值取向,学生管理的工具价值可以通过本体价值进行引领。在此意义上,高校便不需要将满足社会发展需要作为学生管理的主要目的,而是围绕学生类主体之生成的本体性功能,积极响应学生追求自身精神满足的迫切诉求,推动全体师生围绕学生的自我发展与自我实现来确立共同愿景。一方面,高校应将帮助学生实现生命价值与个人意义作为总

体目标,并基于学生的个人特点及个人选择来制定个性化目标。通过对学生进行思想引导与价值引领,根据学生的精神生活需要提供针对性服务,建立支持学生自主活动的稳定管理秩序,营造助于学生精神成长的良好文化环境,来保障学生在社群化环境下全面、自由且个性的发展。一旦学生具备了适应社会社群化发展和改造现实社会条件的能力,高校便自然而然地完成了为社会输送优秀人才的使命;另一方面,学生也应将学校管理视为实现个人愿景的重要途径,通过积极参与学校管理并主动进行自我管理,促进个人主体意识的觉醒与持续发展,提升在社群生活的责任感、使命感与担当感,努力追求更高层次的精神需求的满足,不断发现与创造生命的意义与价值,最终一步一步地实现自身的人生理想与追求。学生在个人价值得以充分实现的同时,必然会在已形成的责任使命感的驱使下,依据个人角色定位来为社会治理现代化贡献力量。综上所述,唯有将学生个人价值的实现作为学生管理的共同愿景,才能使多元主体在行动过程中形成强大合力,进而促进各项学生管理目标的顺利达成。

(三)社群化高校学生管理的实施体系

总体来看,社群化学生管理的实施需要以网络状组织架构为载体,将基于共识形成的群体规范作为行动依据,建立采用区块链关键技术的一体化学生信息管理系统,依托专业化团队提供精细化的管理与针对性的服务。

1. 组织构建:建立网络状的组织架构,实现主体自由平等协作

社群化意味着组织内部不再具有固定的权力中心,而是形成了动态平衡的分散式权力结构。这种权力的分散化反映在高校学生管理之中,则是计划制定、事务决策、组织实施等管理权力由过去的高度集中于管理部门,逐渐向学生、学生工作者等个体及由其组成的固定组织、临时团队等团体转移,最终在高校内部形成多个潜在的权力中心。在此情境下,高校无法再依托以权力关系维系的科层结构来进行自上而下的直线命令,而是需要根据多元主体之间平等互利的合作关系建立扁平化组织架构,保障具有自治特征的主体能够独立行动及自由交互。

社群化学生管理所需要的扁平化组织是一种静态构架下的动态结构,主要由固定的组织形态与机动的计划小组这两部分构成,可视为大社群与小社群。固定的组织形态是指高校、学生工作者与学生等围绕共同愿景而组成网络状联合体,这种松散的网络状架构中不存在"高校—院系—班级"的纵向层级,多元管理主体的地位处于民主平等的状态,唯有各自担任的角色及承担的职责有所差异。如在顺利达成学生管理共同愿景的过程中,高校扮演着方向把控者与资源提供者的角色,主要职责是掌握全校各项学生管理工作开展的实时情况,立足大局对学生管理的整体发展方向进行把控,依据现实存在问题及外部环境变化对管理模式进行及时调整,并为全体协同参与管理提供多样化的平台、选择与支持;学生工作者扮演着发展指导者与服务提供者的角色,主要职责是借助平等对话来对学生进行思想与行为引导,为学生的全面发展与个性发展提供针对性的指导与帮助,根据学生的学习与生活需要提供全方位与专业化的服务;学生则扮演着自我管理者与自主参与者的角色,主要职责是基于内在自律能力与外在群体规范来进行自我管理、自我教育、自我监督与自我服务,在塑造自我的过程中实现人格的完善、认知的进步、行为的规范、精神的满足与价值的提升。同时还要自发地参与学生管理的各项工作,通过人际交往与共同协作来推动高校这一社群组织持续发展。

机动的计划小组则是上述静态架构中不断涌现及消失的小型网络状联合体,主要指学生工作者与学生工作者之间、学生与学生之间、学生工作者与学生之间为达成某项具体目标而组建的临时性团队。该团队内部构造原理与其所处的网络状组织架构基本一致,即团队中不存在传统意义上拥有高度权威的领导者,内部所有成员的地位平等且权力均等,只是因个人能力差异而承担了不同的任务。一般而言,领导者负责整个项目的统筹规划与内外协调,团队成员负责通过交流互动来完成各自任务,成员之间相互理解、相互信任并相互配合,共同致力于达成团队目标。

2. 规范形成:规章制度进行显性规范,校园文化施以隐性影响

相较于强调管控的科层化管理,社群化管理的实施使得学生管理相

关主体享有充分自由,能够根据需要来自主选择共同愿景与个人愿景的实现方式。然而,这种行动自由并非无限制的绝对自由,而是需要建立在遵循一定规则的基础之上,否则整个高校便会处于无序混乱的状态。所以,为了形成权力主体各谋其位、责任主体各尽其能,利益相关者各取其成的规范、协调和平衡的治理关系,高校内部必须确立全体成员一致认同的群体规范,以此作为其共同参与学生管理的行动指南。

社群化高校学生管理中的群体规范由显性的制度规范与隐性的文化规范构成,其中凝聚了共同价值的后者起到了主导性的作用。就规章制度而言,其制定并非是为了对各主体的行为进行严格管制,目的在于以制度化形式明确各自权力行使的边界,促使主体能够在合理范围内自由行动。同时规定各项学生管理工作的基本流程与规范,确保社群化管理具有操作性、规范性与程序性。因此,规章制度中需明确社群化学生管理的总体价值主张,界定各方主体的权力边界、责任边界与利益边界,厘清主体在共建共治共享中的法律关系,规定各项学生管理工作实施的正当程序,完善监督评价、激励约束、权利救济等保障措施等。因上述内容涉及各方主体权力、责任和利益的重新表达,需要其在充分认同的基础上自觉遵守,所以应由扮演统筹角色的高校主导规章制度的设计,同时鼓励全体成员积极广泛地参与,确保规章制度能够充分反映各方主体的利益诉求。作为服务于学生管理共同愿景实现的有效工具,规章制度理应符合法律要求、高校需求与教育规律,在法治框架内最大限度地彰显人本理念。所以,一方面要体现符合法律的原则,制度内容必须与国家法律法规相衔接,不能与教育行政规范相抵触或有所突破;要体现程序正义的原则,在内容设计上需要避免原则性过强的话语表述,增加具有极强操作性与指导性的程序性条款;另一方面要体现以人为本的原则,制度的制定需尊重人格平等、个性差异与创造自由等,保障各主体的合法权益免受不当侵害。

3.团队组建:设立专业化的工作团队,提供针对性管理与服务

网络状组织架构的建立使得学生可以与高校直接对接,意味着一贯充当中介者的辅导员需要转变角色定位,不再负责对学生进行权威管

控,而是承担管理、教育与服务性工作。考虑到在传统科层化学生管理中,辅导员负责的工作过于繁杂且自身业务能力不强,导致提供的服务无法满足学生学习与生活的需要,此时高校就必须根据管理实际来设立多支固定的专业化团队,在进行精细化管理的同时提供优质化服务。

为保障社群化高校学生管理的顺利推进,专业化团队整体要拥有合理的学历、职称与年龄等结构,个人需具备极高专业知识水平及良好的职业道德素养。

4. 工具选择:引入区块链的关键技术,建立学生信息管理系统

因前期合作关系的建立需要以信息的沟通交流为途径,中期管理任务的推进需要以信息的实时共享为基础,后期管理质量的评价需要以信息的开放透明为前提,所以社群化学生管理对信息化建设提出了更高要求。针对当前学生管理信息整体存储零散、内部流通不畅及外部透明度较低等问题,高校需要以作为社群化背景下信息管理成功范例的区块链系统为参考,运用现代化信息技术来建立一体化的学生信息管理系统,保证海量信息资源的安全存储与标准化管理,促进信息在不同主体之间的快速流转与自由交互,实现各类管理信息的充分挖掘与有效利用,以此作为服务于高校总体把控、学生工作者针对指导及学生自主发展的重要工具。

(四)社群化高校学生管理的运行路径

为取得较之以往更好的管理效果,高校可从现存的事务处理效率低下及服务无法满足需要这两大问题切入,以学分制与项目制作为合作治理的实现载体,通过信息技术管理与专业团队管理并重的方式推动学生管理工作开展。前者主要是指利用现代信息技术来处理常规性管理工作,后者主要是指由专业团队负责信息技术难以解决的专业性管理工作。两种管理方式相辅相成且相互补充,信息技术为专业团队开展工作提供相关的信息参考,使其能够依据信息处理结果充分了解学生的问题与需求,从而根据个人特点提供个性化的指导与服务。专业团队为信息技术的有效利用提供人力支持,并对信息技术人文关怀不足的缺陷进行弥补,从而保证学生管理兼具科学性与艺术性。

1.日常思想政治教育:建立链条式学习账本,精准开展个性化教育

不论是日常思想政治教育独立承担的安全法制、心理健康、学术道德、文化素质、创新创业等综合素质教育,还是衔接思想政治理论课程的三观养成、民族精神、公民道德、社会责任等思想行为教育,凡是对学生施以理论层面的日常思想政治教育,均可按资源提供、理论学习与考核评价这三个步骤开展。

第一,资源提供。与区块链系统的选主、造块、验证和记账过程基本一致,在负责日常思想政治教育的专业团队及其他专业团队中,各成员通过"竞争挖矿"的方式来选定授权引进或自主研发的主题教育内容,采用文字、图片、课件、视频、音频、直播等多种形式呈现。之后,选定者将每一课时内容记录入一个盖有时间戳的区块之中,全体成员以是否具备有效性及尚未存在过为标准来进行共同审核。审核通过的区块将按时间顺序自动链接至选定者的个人资源链,如此便形成了以专业团队成员为主体的多条资源链。将这些资源链中存储的内容上传至业务处理数据系统后,系统将按照政治理论教育、思想道德教育、日常行为教育与综合素质教育这四个教育类别自动存储,便于学生快速查询与分类学习。

第二,理论学习。学生在业务处理数据系统拥有独立的"学习账本",在学习开始前,该账本基于智能化分析为学生形成不同知识的效用分布,依据其年龄范围、心理特点、认知程度、学习习惯等制订不同层次的教育方案,协助其根据自身需求制订个性化的学习计划,学生可以此为遵循来选择合适时间进行自主学习。学习进行中,该账本不仅对学生所完成的主题单元进行链式记录,也对教育全过程的每一阶段及每一步作详细记录,这些记录在经半数以上用户同意后方可撤销或更改,以为教育效果评价和后期改进提供真实准确的原始资料。学习结束后,完成某一课时学习内容的学生便获得了记录该区块的权利,该区块将按学习时间顺序自动链接至学生单独的学习链,如此便形成了以学生为主体的多条学习链。

第三,考核评价。为动态掌握日常思想政治教育的开展过程与结果,应由多元主体对每个学生的学习情况进行适时考核,具体包括:"学习账

本"根据学生每一课时的时间偏好、投入偏好、学习速度、学习效度等进行智能化考核评价,定期形成学生的学习行为报告;专业团队人员及时对每一课时的测试回答情况、习题完成情况、期末考核情况等学习表现打分,定期形成学生的学习成绩报告;学生对个人的学习参与学习收获等进行评价,同时对专业团队提供的教育资源的质量进行评价。评价结束后,高校可依据学生的学习记录及评价结果对相关学分予以认定,以完成时间作为标识对学生的学分区块进行链接,如此便形成了以高校为主体的多条管理链。

根据区块链技术中的共享性原则,除个人隐私信息被加密外,日常思想政治教育网络内存储的各项信息供学校、学生工作者与学生共享。在学习链中,专业团队将学习资源上传至信息共享平台,同时也可获得学生的课程学习记录以及高校的学分认定记录,以此为依据来调整、改进、修复、完善、优化教育内容,从而更好地提升日常思想政治教育效果;在学习链中,学生能够自主获取专业团队的成果资源,且能够看到个人的学习成果及高校的认定信息,有利于更好地进行资源学习安排与规划;在管理链中,高校能够实时了解师生在日常思想政治教育教学、科研和学习上的情况,有利于全面提升全校的思想政治教育质量。

2. 常规事务管理:运用互联网信息技术,高效处理基础性工作

为科学、高效、公平、准确地进行常规事务管理,解决因重复开展相同工作而效率低下的问题,因管理封闭运行引发的外部透明度降低的问题以及因缺乏民主监督而导致权力滥用的问题,高校可将先进的互联网信息技术应用于事务处理之中。

针对常规性的学籍管理、党团管理、综合测评、奖助评定等事务类工作,可借助学生信息管理系统高效实施。通过分析这些事务类工作的开展流程,可知其主要包含通知发布、材料收集与投票选举这三个环节。就通知发布而言,高校或专业团队应根据学生管理的现实需要,在信息交流共享系统的专门板块发布通知公告,并自动同步至学生个人系统的电脑端与手机端。系统在每条通知的预览窗格简要标明了重要程度、所属类别、操作方式与截止时间等,学生可从其中任意选择条件进行排序,从而直观了解并快速筛选与自己切身相关的信息。对于每个学生必须

完成的基本任务,系统会在时间截止之前多次弹出窗口进行提醒。就材料收集而言,高校与各专业团队若要获取学生的某些信息,可在共享的业务处理数据系统自定义信息类别、选择范围与生成标准等,系统将根据设置自动调取信息并按照标准汇总。对于系统中尚未存储或需要更新的相关信息,需要发布通知公告来提醒学生补充填写。若提交的材料需要各方签名或盖章认证,可通过安全可信的电子签名技术予以解决。就投票选举而言,学生主动在业务处理数据系统申请各类评选项目,并根据通知要求上传个人申请材料。与此同时,系统根据学习、科研、实践等评选类别自动调取存储的信息,自动生成与之相关的表现报告,将硬性指标作为评选标准来进行初步筛选。然后全体学生结合参评者个人提交的报告与系统生成的报告,按照一致认同的投票规则在平台进行匿名投票,投票结束后系统自动产生选举结果。

针对与学生安全密切相关的思想行为管理与校园危机管理,可利用大数据技术监控与追踪学生的在校日常动态,由专业团队弹性化处理突发性与专项性工作任务。具体来看,高校在国家法律法规许可的范围内,运用人工智能技术对学生的日常行为动态进行捕捉,如:通过视频监控摄像头记录学生的面部信息,利用GPS追踪学生在校内场所的出入情况;通过对校园卡的校内刷卡记录进行追踪,了解学生的各类活动考勤、校园设备使用与生活消费习惯等情况。随之有选择性地对相关数据进行智能或人工分析处理,及时识别影响学生成长及学校稳定的安全风险,科学预测问题学生的未来思想行为变化轨迹。之后系统自动将数据分析结果传送给危机处理专业团队,使其以此为信息参考来进行风险研判,从而有意识地提前干预行为或及时消除威胁。

3.学生指导服务:线上处理反馈的信息,线下提供针对性指导

为有效促进每个学生的自我发展与自我实现,高校必须从其实际需要出发来提供针对性服务。这一理念反映在社群化管理的实施层面,则表现为无论是进行餐饮服务、住宿管理、医疗保健等日常生活服务,还是学业辅导、就业指导、心理咨询等专业发展指导,各专业团队均可从学生反馈信息与数据处理结果中把握学生需求,随之在深入分析个人特点的基础上提供精准帮助。

对于能在学生信息管理系统完成的指导服务类工作而言,主要围绕需求阐述、问题处理、结果反馈这三个步骤开展。学生若在住宿、饮食、医疗、通信等生活方面存有问题,或对学校的软硬件基础设施建设存在意见或建议,可在信息交流共享系统中合理提出疑问与发表看法。针对提问类的发言,由其他有经验的学生和对应的专业团队主动解答。如该问题因过于紧急而需要及时解决,学生可在系统中直接联系专业团队请求帮助。每隔固定的时间,各专业团队对关注度和提问频率较高的问题进行系统汇总,给予专业解答后放至专栏供学生查询。针对建议类的发言,专业团队在了解学生的相关诉求后,结合大数据检测结果与实地调查结果进行分析判断,随之制订科学的整改方案并提交学校,由学校和专业团队对各自责任范围内的问题进行改进。之后通过发公告的方式来告知学生事情处理结果,如果问题一时无法解决或根本无须解决,专业团队也应在公告中详细说明原因。

4. 群体实践活动:自发成立临时性团队,采用目标项目制管理

对学生及由其组建的实体组织或虚拟组织、固定组织或临时组织、他组织或自组织而言,凡是开展需同他人合作完成的群体实践活动,如学校文体活动、社会实践活动、科研实践活动、学习研讨活动、兴趣爱好活动等,均可以采用灵活高效且富有弹性的目标项目制管理方式,通过线上和线下两条实施途径,围绕成立团队、权责划分、形成规范、协作行动、考核评价、团队解体六个步骤进行。

第一,成立团队。学生若出于学校要求或自身需求完成某一项目,可在信息交流共享系统上直接发布团队人员招聘公告,注明项目类别、项目时间、项目内容、项目人数及人员要求等事项,吸引有兴趣、需求或意愿的组织内外部人员报名加入,最终组建成为一支由项目链接的网络状临时团队。

第二,权责划分。临时团队成立后应进行有效授权及责任分配,使各成员了解自身的工作目标、权力边界与责任范围。其中,既需要通过民主选举来确定项目总负责人或领导小组,明确其在统筹协调、细节把控、总体监督、最终决策等方面的权责,又需要通过沟通协商来使各成员依据个人能力认领合适任务,并赋予其相应的自由行动与自主决策的

权力。

第三,形成规范。成员通过协商确立包含时间性目标、约束性目标、成果性目标等在内的共同目标,在学校规范与组织规范的框架内形成一致认同的团队行为规范,同时围绕项目要求来共同制订具体的实施方案。

第四,协作行动。团队成员受责任使命与团队目标的内外部力量驱动,在遵循群体规范的基础上围绕各自任务自主采取行动。在此过程中,各成员应在信息交流共享系统实时上传任务完成的相关信息,使大家及时了解各方面任务的进展情况,并根据自身需要进行交流互动及寻求协作。如此一来,既可以使各成员根据他人反馈来适时调整并优化思路,也利于其他成员根据整体信息做出恰当决策。当所有任务完成后,全体成员发表意见并进行充分讨论,最终基于"少数服从多数"的原则达成共识。如该项目的最终决策依然存在巨大争议,可由内部领导小组或外部专业团队给予指导意见或直接协助裁决。

第五,考核评价。项目完成后需将个人成果和总体成果上传系统,由系统、教师、同伴、个人等多元评价主体,对整个团队的工作开展情况与目标达成情况进行外部考核,对每个成员的职责履行程度、任务完成情况和自身发展情况进行内部考核,随之根据评价结果进行合理的利益分配。

第六,团队解体。该临时团队在完成项目后便自动解散,团队成员可根据已建立的信任关系进行下一次合作。

（五）社群化高校学生管理的保障机制

为确保社群化学生管理能够朝着既定的方向进展,高校需要建立相关机制来营造充满信任的人际交往环境,充分激发多元主体的参与积极性,对各主体的思想行为进行监督约束,以及对管理各环节进行全方位考核。

1.信任建立:由技术带来的算法信任,因交往产生的情感信任

尽管分散的学生管理主体之间基本互不相识,却依然要为达成共同的组织目标而聚集,采用线上与线下并行的方式动态开展协作。为确保

彼此能无须猜忌和防范地交换利益、共享信息与达成共识,高校必须要把握虚拟社会与现实社会的交往规则,在原有基础上形成新的内部信任机制。

在无权威机构、身份、地位维系信任的社群化高校学生管理中,信任关系的建立多依靠信息的间接联通与主体的直接交往,所以高校内部的信任机制理应由两部分构成:一部分是基于区块链技术的算法信任;另一部分是基于人际关系的情感信任。就前者来看,学生管理实践的开展必然会产生大量信息,彼此陌生的主体在多数情况下只能以此为参考,对组织内部其他人的情况进行大致了解,从而判断其是否会损害集体利益与他人利益,进而决定是否与之开展合作或达成共识。由此可见,在信任感较为缺失的社群化环境中,信息的共享性与安全性影响了整体信任氛围的形成,因此高校内部必须建立一个以信息对称为支撑的可信体系。事实上,将区块链技术应用于学生管理系统之中,看似在解决互联网信息技术难题,本质上却正是在解决信任问题与降低信任成本,其核心思想便是利用数学方法而非中心机构来建立分散主体之间的信任关系。即在相对不可信、不信任或者弱信任的网络环境中,采用能保障信息开放共享的分布式记账技术、保护个人隐私安全的非对称加密技术、防止信息被篡改的多重备份技术、追溯验证信息的时间戳技术,建立包含公开公信与匿名机制、安全保障与追溯机制、共识与共享机制等在内的信任体系。在某种程度上,该体系的建立使得各主体开始由对人的信任向对算法的信任转移,从而能够在信息高度透明与相对安全的环境中,基于协商一致的显性与隐性规范来开展合作。

2.动力激发:环境与奖酬的外部激励,精神与发展的内在驱动

在关注个人价值、尊严与需求的社群化高校学生管理中,多元主体的共同参与不再依靠权威机构的强制要求,而更多地依赖于个人主观能动性的充分发挥。在此意义上,调动各主体的积极性便成为建立良好治理秩序的前提所在。这就要求高校掌握各主体参与管理的动力来源,在此基础上采用柔性化的方式进行有效激发,从而使其将组织意识内化为自觉行动。

多元主体参与的外部动力主要源于组织环境的隐性影响、物质精神

的双重激励与组织目标的充分调动。第一,组织环境的隐性影响是指借助社群化环境来激发各主体的参与动机。一方面通过赋予主体权力、确保行动自主、采用柔性方法、设计便捷流程等方式,增强学生管理工作自身的吸引力、刺激性与挑战性,从过程与结果出发提升各主体参与管理的兴趣;另一方面利用社群化校园文化的特有力量,对各主体的价值观念与行为方式施以潜在影响,使其在周围群体无形的引导或施加的压力之下,自发采取与多数人相一致的参与行动。第二,物质精神的双重激励是指通过满足外在需要来调动主体参与的积极性,既体现在将管理参与情况与学生的课外学分和综合测评"双挂钩",对参与表现突出并取得优异成绩的学生予以奖学金或荣誉奖励,又体现在将服务的提供情况作为学生工作者绩效考核和职称评定的重要参考条件,授予业绩突出的学生工作者荣誉称号和一定的金钱奖励。第三,组织目标的充分调动是指通过目标的设置来引导人的行为,即高校、学生工作者与学生等主体从自身的切身利益出发,设置合理可行的群体目标与个人目标、长期目标与短期目标、总体目标与单项目标,使其在对实现目标的期望之下发挥主观能动性,从而自觉地朝着既定的方向一步步前进。

3. 行为约束:道德与角色的内在调控,规范与监督的外在制约

依靠各方主体的自发互动、集体建构与共同整合,社群化的高校内部形成了自由兼容的共治秩序。但这种治理秩序并非英国经济学家弗里德里希·哈耶克所提的自生自发秩序,仅寄托于人们理性基础上的竞争合作难以维持,必须要对其行为进行强有力的外力约束,使各方主体的利益基本处于某种均衡状态。在无法依托权力话语来进行强制管束的情况下,高校理应超越完全自发秩序与建构秩序理路,建立个人内在约束与组织外在约束相结合的机制。

个人内在的约束机制主要包含主体的道德约束与角色约束。前者是指在思想政治教育的直接影响与良好校园文化的间接熏陶下,各主体在原有基础上进一步丰富道德知识储备,增强社会广泛倡导的主流道德价值观念,明晰判断行为是非善恶的道德标准,强化良好的道德行为习惯等。道德人格的形成能使其将外在的道德要求转化为内在的道德需要,从而在参与学生管理并进行自我管理的过程中,自觉运用道德判断能力

对善恶是非进行有效识别,依靠道德选择能力对符合个人与集体价值取向的行为进行合理抉择,凭借坚强的道德意志对自身言行进行及时调节与控制。后者则是指通过教育引导、舆论宣传、文化熏陶、实践养成等方式,各管理主体进一步强化个人的契约意识、观念与精神,明确意识到自己与高校、团队、成员之间建立的法律或情感契约关系,从而能在责任感、义务感、使命感与担当感的柔性约束下,根据个人在各类契约关系中的不同角色定位,在管理实践中自发地履行相应的责任与义务,并自觉依照角色要求来对个人的思想行为进行控制。

组织外在的约束机制主要包含组织规范约束与民主监督约束。组织规范约束是指借助静态的高校规章制度与组织内部规范来对主体行为进行原则性约束,即高校在制度层面对各主体的管理范围、管理权限、管理方法、管理程序等方面做出明确规定,组织或团队在此框架内确立包含价值理念、权责划分、工作流程、行为规则等的内部规范。各主体在参与管理实践的过程中必须将此作为基本遵循,保证自身的思想行为未突破规定的界限,否则就会受到警告、记过、处分、开除等制度惩戒,或来自他人的批评、谴责与失信等精神惩罚。民主监督约束则是借助动态的多方监督来遏制主体的不法侵害行为,即在信息高度开放共享的管理环境中,所有管理主体不仅享有对各决策结果的知情权,还能对各项管理工作的开展过程进行全方位监督。一旦发现某人未正确、及时、有效地履行规定职责,或做出危害他人或集体利益的行为,其他主体可及时以批评建议的形式给予直接反馈,或采取申诉、控告、检举等行动进行强制干预,使其在外部压力之下自觉调整与纠正个人行为,以确保自身能始终沿着正确的方向行动。

4.考核评价:依托多元化的评价主体,全方位地考察管理情况

因考核评价能对个人与组织管理目标的完成情况进行有效反馈,也能对单项与整体管理工作的开展过程进行全面检验,自然便成为社群化学生管理不可或缺的重要环节。为更有效地达到以评促建与以评促改的目的,最大可能保障各方主体利益分配的公平公正,高校需要一改传统科层制中整体划一的考核评价方式,建立全过程、多维度、立体化的考核评价机制,综合考察学生管理工作的开展情况。

总体而言,由于社群化学生管理的开展依靠全体成员的共同参与,所以高校理应建立包含系统、学生工作者、学生等在内的评价队伍,根据不同学生管理工作侧重的内容,制定软性指标与硬性指标兼具的评价指标,从管理过程和管理结果两个方向出发,采用定量评价与定性评价相结合的方法,对各主体单项与总体工作的具体表现及目标达成情况进行分类评价。

第三节　网络社群背景下高校学生管理模式推进的策略

一、优化科层化的学生管理体制

高校若要推动学生管理向注重民主治理的社群化方向转轨,当务之急是改革现有的高度集权、等级分明、硬性管控的管理体制。第一,树立以生为本的管理理念。高校应将帮助学生实现生命价值与个人意义作为总体目标,并基于学生的自我发展需要来制定个性化目标。通过对学生进行思想引导与价值引领,根据学生的精神生活需要提供针对性服务,建立支持学生自主活动的稳定管理秩序,营造有助于学生精神成长的良好文化环境,来保障学生在社群化环境下全面、自由且个性地发展。第二,建立扁平化的组织结构。高校应打破原有的层级式管理架构,仅在学校一层设立若干分工明确的学生管理机构,并内设一批专业化的管理团队,直接面向全校学生同时开展各项工作。第三,丰富服务性的管理内容。高校应将服务作为学生管理工作的重点,在遵循"寓教育于服务"这一基本原则的基础上,围绕其发展的实际需要推出多元化项目,通过多种途径来提供针对性的咨询、指导与服务,以达到促进学生学习与发展的最终目标。第四,采用柔性化的管理方式。高校应充分关注学生的价值、尊严与需求,通过运用平等交流、关注理解、激励鼓舞、情感投资等柔性化管理方式,调动学生参与管理的积极性与创造性,引导学生进行自我教育、自我管理与自我服务,从而使其能够依靠主观能动性将学校要求内化为个人行动。

二、提升管理队伍的专业化水平

社群化管理对工作人员的专业化水平提出了更高要求,高校可汲取美国高校学生管理队伍建设的成功经验,致力于推动当前学生管理队伍向专业化的方向发展。第一,实行精细的岗位分工。高校应改变由辅导员这一直接负责人大包大揽的做法,围绕促进学生全面发展与自我实现的共同愿景,将学生成长发展的实际需求作为基本向度,从管理性、教育性与服务性工作内容入手进行专项分工,并根据各个岗位要求配备一支专兼职相结合的专业化团队,专门负责日常思想政治教育、就业指导、心理咨询、学业辅导等某项具体工作,为学生提供针对性指导与优质化服务。第二,严把招聘的入口关。高校需要严格控制各类学生工作者的准入,将毕业院校、学历学位、政治身份、工作经历等硬件条件作为基本门槛,重点关注专业知识、专业能力、专业伦理、职业道德、个人素养等软件条件,通过层层选拔来聘任专业理论与实践经验兼具的专家型人员,以提升学生管理队伍的整体素质与业务能力。第三,健全专业发展体系。高校应帮助学生工作者制订系统的专业发展计划,拟定翔实的专业发展内容,策划有效的专业发展路径,建立职前、职后相融通的一体化培训体系:职前应基于学校管理实际和工作者的普遍需求及个性需求,通过理论学习与实践操作双管齐下的方式,开展以职业道德与职业内容为主的岗前培训,帮助学生工作者正确认识并快速适应个人角色;职后阶段应充分考虑学生工作者的专业、工龄和职称等个体特征,从他们的发展现状以及发展需求出发,提供多样的校内发展项目与校外培训机会,使其在原有基础上实现专业上的持续性发展[①]。

三、加强学生管理的信息化建设

为有效应对网络时代为学生管理带来的新形势,高校需要基于各项技术建立完善的信息化管理体系,不断提升学生管理工作的科学性、针对性和时效性。第一,制定完善的信息管理制度。高校应在上承国家相关法律法规的基础上,结合学校管理的制度规范与学生个人的心理需求,制定内容完善的网络信息管理制度,既对资源配置、日常运行、网络安全、用户权限、隐私保密等做出明确规定,又对某些关键环节的信息管

① 徐达.论网络时代高校学生管理创新策略[J].文化创新比较研究,2019,3(8):52-53.

理流程进行详细说明,确保学校的信息化建设有据可依。第二,建立统一的信息管理系统。高校应根据社群化管理的各个环节对技术的需要,从信息共享、业务处理与分析处理这三个方面入手,充分运用区块链、大数据、人工智能等现代化信息技术,自主研发或外部购入统一的学生信息管理系统,以此作为服务于高校管理、教师教学及学生发展的重要工具。第三,配备专业的信息管理团队。高校应选聘一批熟练掌握计算机信息技术、深度掌握大数据相关知识且基本了解学生管理流程的专业人员,既负责对校园网络环境进行维护与监管,及时修缮管理系统出现的各种技术性问题,快速发觉并处理突发的网络安全事件等,又负责运用各类分析方法和工具对管理内容进行分析,并结合数据分析结果与学生管理规律进行科学研判,对存在问题的学生进行早期预警并提出改进对策。第四,提升全员的信息素养水平。高校可采用第一课堂与第二课堂齐头并进的方式,通过开设专业课程、举办相关讲座、提供各类培训等,面向全校师生开展信息素养教育,帮助其不断提升对各种虚构、不实、错误信息的甄别判断能力,借助新技术和新媒介来获取、管理、处理信息的信息综合利用能力,持续学习与不断更新自身数字化技能的信息学习发展能力,以及基于信息管理规定来传递主旋律与正能量的信息道德修养等。

四、为学生参与提供全方位保障

推动高校学生管理模式向社群化方向变革,难点在于确保学生能够长期参与到管理之中。因此当前高校亟须着眼于学生参与的前、中、后这三个阶段,为其提供制度、教育、环境与评价上的保障。就制度保障来看,高校应在"以生为本"的理念指导下,结合国家法律要求、高校管理需求、教育发展规律与学生实际需要,制定能支撑管理工作规范化运行的规章制度。从顶层设计上肯定学生在管理中的主体地位,规定权责范围、参与渠道、奖惩措施与正当程序等,为扎实推进学生参与管理奠定基本的前提保障,使其能够安心参与、静心参与和潜心参与。

就教育保障来看,高校应主要借助新生入学教育与日常思想政治教育:一方面帮助学生树立契约意识、观念与精神,使其明确自身在管理过程中的角色定位,了解学校内部各种相互依存的契约关系,意识到个人参与之于他人与全校发展的作用,从而激发自发履行相应义务的角色使命感;另一方面协助学生对利益相关的规章制度进行学习,使其掌握这些规则的关键内容、遵守规则的基本方式以及违反规则的严重后果,在形成稳定心理预期的基础上确立价值取向和行为选择,尽可能避免在参与过程中发生违反校规校纪的情况。就环境保障而言,高校需要在全校范围内宣传社群文化的精神内核,完善学生民主参与所需的平台、资源、服务等软硬件设施,推行内容多元化与形式多样化的民主实践活动,营造自由平等、服务至上、协商合作、注重规则、公平公正的文化环境,使学生在周围群体的无形引导与民主监督之下,不断强化内在动力、契约精神与规则意识,自觉调整与纠正个人的行为方式,全面提升民主参与管理的素养。就评价保障而言。高校应坚持科学化、合理化、多元化的原则,将管理系统、学生工作者、学生等作为评价主体,立足参与过程和参与结果这两个维度,采用定量评价与定性评价相结合的方法,对学生参与的具体行为表现及需求满足情况进行多元化评价。之后生成包含现实分析与改进建议的个性化评价报告,定期给予学生单项性反馈、阶段性反馈与总体性反馈,以使学生及时明确个人的优势与不足,并以此为依据进行自我完善与自我发展,从而带动管理质量的进一步提升。

第七章　协同治理理论视角下的高校学生管理模式实践

第一节　协同治理理论应用于高校学生管理模式的契合性分析

一、协同治理的概念

"协同治理"这一概念源于治理理论,是一种基于治理理论的公共管理研究范式。它在将治理理论实践化、具体化凝练和升华的基础上,明确治理主体以及各主体之间的相互关系,使治理理论能够更明确清晰地在实践中得以运用,因而成为一种可操作性的治理方案。对协同治理的研究主要源于对善治的探讨,主要目标是公共利益最大化。

协同治理是一组复合名词。因此,如果想要对协同治理进行一个具体深入的概念界定,我们首先要弄清楚"协同"和"治理"两个名词的基本内涵。"协同"最早出现在古希腊语中,表示协调、合作、同步等意思。我国古代也对协同进行了定义,《说文》提到"协,众之同和也。同,合会也"。协同是探寻多方协同一致的一种过程或能力。治理的本意则是指控制和操纵。但是,随着公共管理理论的日益丰富,治理的内涵不断延伸。美国学者詹姆斯·罗西瑙作为治理理论的主要提出者之一,认为它是一种由共同目标支持的活动,在这类活动中,治理主体不再局限于权威政府,而是将更多利益相关者纳入其中。加州大学伯克利分校政治学教授克里斯·安塞尔与艾莉森·加什从狭义层面出发,对协同治理进行了定义,认为其主要指一种治理安排,一种为维护公共利益、通过正式的、共识的方式将一个或多个公共机构与其他非政府部门进行协商对话的决策安排。美国学者多纳霍对协同治理的定义更为简单,认为它是为实现既定目标,非政府与其他相关利益主体共享一定权力共同努力的过程。尽管各国学者对治理定义的表述各有不同,但是其核心要素比较明确。全球治理委员会将其定义为:或公或私的个人和机构采用多种方式对共同事务领域进行组织管理活动的总和,使相互冲突或不同利益者得以调和并采取联合行动。协同治理最核心的内涵是协同、合作,致力于去中心化的实现,提倡不同利益体在价值诉求上地位平等,尊重差异。可以说,是否基于公共利益的价值取向从本质上决定了协同治理机制能否形成。多元化参与主体的存在及其相互间协作是协同治理的核心理论预设。协同治理理论的侧重与不同治理主体之间的应然和实然的互动关系,尤其是形成这种可持续性的互动关系所具体的环境以及依赖路径。依据协同治理理论及其运行实践研究重点的不同,学术界总结出了利益、资源、目标、社会资本、信任、互动、制度以及信息技术等影响因素。

综上所述,对协同治理的定义国内上没有形成一个统一的概念,学者们对其定义与理解均不相同。整体而言,协同治理是多个利益共同体基于正式或非正式管理方式,在现有制度和体制约束之下,运用协商、合作、互动等手段,为实现共同目标的一个连续性的互动过程,更多的是强调将治理理论实践化、操作化的一种公共管理范式,是治理理论付诸实践的一座桥梁。

二、协同治理理论应用于我国高校学生管理模式的契合性分析

协同治理理论内涵丰富,应用广泛,与学生管理模式的优化构建存在很高的契合性。从治理主体上来说,协同治理将政府部门、非政府部门、公民等利益相关者均纳入治理体系之中,而学生管理模式同样要求学生事务的相关方参与其中,共同对学生事务进行合作管理。从治理过程来看,二者均对各主体间的协调合作、双向互动进行了强调。从治理目标来看,协调治理理论和学生管理模式中的各参与主体都在为一个共同目标而采用积极行动。

(一)从治理主体上看,二者都表现为要求主体多元化

协同治理理论要求在治理全过程中去中心化,管理实践和管理目标的实现需要多主体共同参与,政府不再是公共管理的中心,各主体之间相互协调、相互合作,职责清晰,权责一致。我国实行党委领导下的校长责任制,在学生管理模式中,学校党政负责人、学生管理各职能部门、院

系辅导员、班主任、导师以及学生群体等都是学生管理领域里的相关利益体，各有其工作重点，扮演着不同的管理角色，但每一个管理主体都占据十分重要的地位，并非可有可无。

学校党政负责人主要把握宏观政策和学校发展方向，学校党政部门和学生管理职能部门按学生管理的内容划分职责，院系辅导员则是各项政策的具体执行者，而学生既是管理对象，也是治理主体之一，有权利参与各项管理活动。学生管理各职能部门如学生工作处、招生就业处、校团委、宣传部，各部门之间既有分工，又要时刻合作。在具体事务管理中，学生管理职能部门、院系相关学生工作负责老师和学生群体更需要相互协调，共同发力，存在相互依赖和合作关系。

对于学生管理各职能部门来说，他们是党委领导下的学生管理的服务部门，是总揽学生管理职责的执行部门，肩负着教育学生、管理学生、服务学生、促进学生发展的重任。作为学生和学校之间的沟通中介，他们在了解学生和学生工作情况的基础上，制订学生管理的短期、中期和长期工作计划，协助学校党政领导部门制定和修订学生管理的各项规章制度和政策办法。经全校审议通过后，再对学生实施全面宏观管理和服务，监督和管理各院系学生工作办公室执行计划、实施政策等工作过程。在这一过程中，学生管理各职能部门，要及时和学生、院系学生管理人员等进行沟通交流，听取他们的意见和建议，在制订工作计划、管理规定时充分体现学生发展诉求，并在服务学生的过程中接受各方面的监督。各部门虽然职责分工不同，但总体工作目标一致、管理地位平等，存在相互依赖的管理关系。为了使管理目标最大化实现，各部门间需要相互协调、相互合作，共享学生管理信息，共同教育、管理和服务学生[1]。

学生个体和学生组织既是学生事务治理工作的主要对象，也是学生事务治理主体之一，是学生管理的重要组成部分。作为大学生，他们普遍年满18周岁，且具备一定的理论知识和组织管理能力，有权利和责任参与到与自身利益密切相关的学生管理工作之中。因此，学校相关职能部门应该为学生参与创造便利条件，提供环境支持，鼓励学生积极参与其中，理性地为学生管理和学校发展发言献策。因此，学生应该转变形

---

[1]王佳晨.协同治理理论视角下高校学生社团管理模式优化研究[D].徐州:中国矿业大学,2020:24-29.

象和观念,不再是中小学时的"旁观式"参与管理,而是要"内涵式"参与管理,与学校学生管理职能部门、院系学生管理人员共同构建形成学生管理共同体,共同承担起学校学生管理的责任和义务。就我国目前高校学生管理现状而言,学生会等学生组织是学生参与管理的重要平台,是学校和学生互动沟通的重要桥梁。学生还可以利用校长信箱、在线留言、座谈会等方式充分发挥自身作用,主动及时向学校反映自身发展需求。

对于一线学生管理人员而言,他们在传统观念上是学生管理相关政策的执行者和实控者。但是在以生为本、学生中心的治理框架下,他们则褪下权威的面具,是学生管理的服务者和行动者,满足学生需求,对学生和学校负责。作为学校学生管理职能部门与学生之间的中介,他们承担着沟通协调的重要使命,需要设法为学生参与管理创造更多的环境和资源,营造自由平等、协调互动的对话氛围和对话机制。当学校与学生发生利益冲突、沟通不畅时,他们有责任在双方之间进行协调,并致力于维护学校与学生之间的共同利益。同时,作为经验丰富的专业一线人员,他们还负有对学生进行组织治理技能、相关知识的指导和教育的职责,让学生充分了解自身的权利和义务,及时了解学校的各项决策,增加与学校的了解、信任和合作。

(二)从治理过程上看,二者都强调管理服务中的协调合作

协同治理强调的是一个官方机构与非官方组织、公民个体为解决共同问题采用正式和非正式方式进行互动协商、责任共同承担的过程。在这一过程中,各个治理主体时间实现积极的、双向的互动。在规范的规章制度规定下,共享治理权利,承担职权责任,共享治理资源和环境信息,采取各种方式在某一公共问题的解决上经过不断协商达成共识。非政府权威机构和公民个体在治理过程中,不仅仅具有知情权,还享有实实在在的参与权,为维护自身利益以合法合理的方式与其他治理主体相互沟通,实现治理目标。

从治理过程来看,高校学生管理强调的是权责清晰,协商互动。在学生管理模式中,对学生管理职能部门、学生管理人员的工作职责根据管理内容属性进行了一定的分工,对学生个体和学生组织的参与权限范围

也给予了初步限定。可以说,在学生事务治理全过程中,学生事务治理各主体都需要承担相应的权利和义务,对于现有的政策资源和管理信息进行共享,及时跟进治理环境的变化。学校要通过正式的制度规定方式,对各治理主体的权责范围进行明确,确保有权必有责,权责一致。并在管理程序上进行规范,保证公正公开、科学合理,建立民主协商、合作互动的多主体参与机制,保障协同治理过程有序、结果高效。另外,学校管理职能部门和学生管理者要将管理制度和管理规范落到实处,充分尊重学生参与主体的权利,积极引导学生发挥治理作用,为实现学生管理高效化、学生管理模式科学化贡献力量。

在学生管理的过程中,包括协同治理理论强调的协调互动和制度规范,二者在一定程度上有很大的契合性。因此,将协同治理理论借鉴到高校学生管理之中,科学而合理。在协同治理理论的正确指导下,学生管理各主体之间的合作互动能够高效高质。在双向互动之下,学生管理者更能准确把握管理对象的发展需求,提供专门对口的学生管理服务,为高校学生的成长成才、全面发展保驾护航。

(三)从治理目标上看,二者都追求公共利益最大化

协同治理的最终目标是实现"善治",实现协同治理的最优状态。虽然也会有矛盾和纠纷存在,但是在治理机制作用下,治理主体包容下,减轻或化解社会矛盾。善治状态的实现需要全社会利益相关者在一定权威范围内共同参与和努力,没有公民的积极主动参与,也很难在公共治理领域中实现善治。因而从理论内涵上来说,协调治理理论指导下的各治理主体都是在一个共同目标的支持下而进行积极努力,这种努力大多数都是自发做出的,而不是在权威力量的强制下完成。在这一良性互动过程中,由政府部门、非政府组织和公民个人组成的协同治理主体在目标一致的情况下,各主体间都能为公共利益最大化的实现而主动参与治理,互相沟通,在相互协调中寻找最佳平衡状态,建立一种互利共赢的合作伙伴关系。在协同治理过程中,社会力量的作用日益增强,可以更有效地利用自身力量向政府部门施加影响,扩大公共利益的受益群体,也反作用协同治理过程和协同治理效果的高质高效。从根本上讲,协同治理的出发点,是让公众享有更充分的公共物品,享有更高满足度的公共服务,从而实现社会公众福利的最大化。

　　高校学生管理的目标,是学生管理所要达到的预期结果,集中反映了学生工作的性质和方向,制约着整个学生管理工作的进程,是学生管理工作的出发点和落脚点。中共中央、国务院《关于进一步加强和改进大学生思想政治教育的意见》明确指出:"要把大学生培养成中国特色社会主义事业的建设者和接班人。"这一管理目标的实现,需要学工处、校团委、宣传部等各个管理部门和行政部门的相互合作、相互协调,任何一个单一部门都很难保障这一目标的有效实现。当前多数高校采用的学生管理模式强调培养学生全面发展的目标,在此统一目标带领下,各个管理主体各司其职,各显其力为实现高校学生的全面发展共同发力。

　　无论是治理目标的实现,还是高校学生管理目标的达成,都不是政府或权威部门单打独斗能实现的,都离不开多部门、多主体的合作与协商。协同治理的本意是服务,而高校学生管理存在的价值也是为学生提供服务。协同治理的出发点,是让公众享有更充分的公共物品,学生管理服务作为一种准公共产品,同样也适合将协同治理理念引入其中,提高学生管理服务质量,让高校学生能够更充分地享有这一准公共物品。

第二节　高校学生管理模式的现状与存在的问题分析

一、高校学生管理模式的现状分析

(一)大学生对高校学生管理模式的认知情况分析

　　根据相关调查表明,大多数学生对学生事务的基本情况还是了解的。但是,他们对学生管理相关内容的认知程度不一,对于和自身权益相关的管理项目了解更多,对于学生管理部门尤其是学校职能部门了解不够深入,且学生个体之间的认知也存在差异。大学生对学生管理工作内容认识程度较高,但对于学生管理机构和学生管理人员认知程度存在差异,参差不齐,缺乏客观和准确的认识,需要进一步宣传普及,让学生在充分了解学生管理工作的基础上,更有效地参与到学生管理模式之中。造成这一情况的原因可以归结为主观和客观两方面,主观原因是学生的主动性和参与意识不足,没有充分认识到自身的参与主体地位;客观原因则是学生参与学生管理的平台和渠道较少,或参与条件受限,如学生干部经历。通过相关性分析可知,学生干部经历会影响学生对学生管理者的接触频率,进而左右学生对学生管理者的认识和了解,因此需要鼓励学生提高主人翁意识,积极参与学生管理之中。

(二)大学生在高校学生管理中的参与情况分析

大多数学生认为自己足够有能力做好学生管理工作,并且也有意识地参与到学生管理,但在学生管理项目上,参与层次较低,多集中于评奖评优、学生资助等工作。造成这种情况的原因可能是学生参与学生管理的渠道和平台并没有日常化、普遍化,导致真正经常性参与到学生管理活动中的学生并没有那么多。从学生参与的主要学生管理项目来看,学生能参与其中的项目并不多,最主要的参与项目是学生组织、评奖评优还有宿舍管理,参与层次较低,尽管题中提及的这些学生管理项目和学生自身息息相关。究其原因,主要包括主观原因和客观原因,主观原因是学生的参与能力不一、参与意识不强,客观原因则是参与学生管理工作的渠道和平台不够开放和普及,受众面较窄,缺乏有效的组织管理机构。学校类型和学生参与学生管理情况呈高相关,重点大学的学生参与学生管理的积极性更高,学校提供的切实有效地参与治理环境、平台以及流畅的学生管理模式也是重要的影响因素。学生能参与其中的项目并不多,最主要的参与项目是学生组织、评奖评优还有宿舍管理,参与层次较低。

(三)大学生对学校学生管理模式的满意情况分析

大多数学生对学生管理模式比较满意,包括学生管理理念、管理体制等。但是具体来看,他们对自身参与学生管理现状不太满意,班级活动的开展情况还有待提高。而在对学生管理具体工作内容方面,大多数学生认为在学生管理中的思想政治教育、心理健康教育、职业规划和日常管理工作还需进一步加强,其中对职业规划方面的需求更为强烈。在高等教育大众化的今天,毕业生就业形势较为严峻,大多数学生都能对这一形势有一定的了解,因此对职业生涯规划和就业指导方面的教育服务的需求较为迫切。学生管理模式也要根据社会发展现状和学生发展需求适时调整,以学生为中心,满足学生发展需要。

(四)学生管理者对学校学生管理模式现状的认知情况分析

相关调查表明,开展学生管理活动的目标多样,作用突出。这也说明了高校学生管理在高校管理工作中占据非常重要的地位,影响深远。对于学生管理工作的涵盖内容,学生管理者大体达成了共识,认为主要包括思想教育、心理辅导、学生资助工作、就业指导与职业规划、党团建设、危机事件处理等内容。而在这些管理工作中,学生管理者认为最需要得到加强的是思想道德方面的引领、心理健康方面的疏导、职业规划方面的指导等方面。目前虽然这些内容都采取了一定的管理和服务措施,但个性化和专业化程度还不能满足学生发展需求。在学生管理者看来,学生管理工作需要多个部门的协同合作,但通常情况下学生处、校团委、教务处、招就处主要担负了学生管理中的主要内容,学校其他部门的合作参与较少。在学生管理者的素质和能力方面,多数管理者认为应该具备过硬的思想政治素质、优良的职业道德、丰富的专业知识等素质和能力。

(五)学生管理者与大学生的互动合作情况

相关调查表明,学生管理者对学生参与学生管理的能力认可度一般。即便如此,大多数学生管理者认为他们在学生管理工作中依然发挥了很大作用,并且相信在对学生进行管理和参与能力提高后,他们可以在学生管理中发挥更大的作用。大多数学生管理者都保持着和学生的直接交流,但还是有各种原因的存在影响着二者之间的有效沟通,且二者之间的沟通方式多是间接性的,主要是通过学生干部和同学及时告知,或者学生主动倾诉。不一定直接获取一手信息,在信息传递时容易出现信息失真、失效、扭曲等问题,具有一定的局限性。

(六)学生管理者对高校学生管理模式的满意情况

大多数学生管理者对于当前各类学生事务职能部门设置还是比较认可的,但在实际工作中仍然存在一定问题。就当前学生管理模式存在的问题来看,学生管理者认为主要是管理机构、管理制度、培训和评估体制、管理环境等方面存在问题,其中最主要的问题还是管理部门权责不清、相互独立。此外,当前学生管理平台无法完全满足学生管理发展现状,需要进一步拓宽,现有学生管理方式需要进一步丰富,而目前面向学生管理者的培训体系也需要进一步完善。

二、高校学生管理模式存在的问题

(一)学生参与层次较低

学生事务与学生密切相关,因此鼓励学生积极参与学生管理活动是近年来高等教育发展的一大趋势,是高校育人为本培养目标的具体体现,同时也有利于学生自主意识和参与能力提高。一直以来,大学生参与高校学生管理的积极性较高,但是从学生实际参与学生管理的情况来看,其实际参与质量和参与层次都比较低,多集中在学生的奖助评比和课外活动参与等内容上,无法为学生自我发展、自我教育、自我服务、自我管理提供实质性的助力。从学生管理层面来看,学生参与还停留在班级和个人层面,集中在学习、生活、评优等自身周围的事务,而对学院层面的管理和科研活动参与较少,学校层面的重大活动、制度制定等内容的参与更是少,只有个别代表参与其中,其他人可能知之甚少。学生参与的管理活动主要以学生组织、评奖评优、宿舍管理为主,参与率均在50%以上,其他如学风建设、心理健康教育等方面参与率则不到50%,政策制度制定甚至只有21.51%。总体而言,参与项目种类偏少,实际参与范围窄、内容少,以班级层次活动为主。

造成学生在学生管理中参与层次低的原因有多种,主要可分为主观和客观两种原因。主观原因还是在于学生自身:一是学生自身参与意识不足;二是自身参与能力不够。而客观原因主要在于学校和学院层面:一是宣传工作不到位;二是参与渠道不充分;三是学生培训机制不健全。大部分学生参与学生管理主要通过学生组织,网上平台参与率次之,其他方式参与率比较低。其他方式要么宣传力度不够,学生不了解,要么不方便学生有效参与,从不同程度上影响了学生参与事务管理的积极性和有效度,从而降低了学生的参与效率和参与质量[①]。

---

①柴虹.基于治理理论的高校学生管理模式研究[D].北京:中国地质大学(北京),2014:31-38.

(二)治理主体素质有待提高

第一,学生管理者专业素质不够。由于我国并没有专门开设学生管理专业,目前已有的学生管理还只是二级学科里的一个研究方向,无法满足学生管理模式对管理者的专业数量和专业素质要求。这也导致高校在选拔学生管理人员时以思想政治教育为主,但也可以视情况允许将专业要求放宽至管理学、教育学、心理学等相关专业。目前,我国学术界默认为思想政治教育专业为学生管理培养专门性人才,但这种专业性还不够充分,离学生管理者要求的专业素质还有一定的差距。此外,受传统管理模式的影响,部分学生管理者,尤其是从业时间较长的管理人员,学生管理的服务意识还有待加强。

第二,学生群体。虽然当前学生管理模式中一直在提倡学生的主体地位,但在真正运行过程中还远没有达到要求,作为学生事务治理主体之一的作用并没有很好地发挥。究其原因,主要还是学生参与意识与参与行动不足,学生参与能力不够。在我国教育体系中,学生法律知识教育并没有给予必要的重视,这使得学生没有培养起法治意义上的参与主动性,学生对其在学生管理中的权利认识相对较高,对于获得参加社会实践、志愿服务、文娱体育、科技文化、就业创业指导的权利认知度最高,但是这种意识认知并没有及时促成参与行动的转化,大部分学生的参与性不高。

(三)学生管理主体联动协调效率偏低

第一,学校学生管理各职能部门横向交流没有制度化。学校学生管理职能部门之间由于地位平等,且管理内容在进行初步分工的前提下,各部门各自为政,横向交流不多。在对学生管理模式存在的问题向学生管理者进行调查时,发现82%的管理者认为学生管理模式存在管理部门权责不清、相互独立。管理职能部门之间仅有初级的合作想法,还没有上升到理念层面,更是缺乏协同治理理念和实践。学校职能部门互动不充分,无法交流工作信息,不能及时跟进学生管理内容,容易造成职责空白或工作重复,加重一线工作人员负担,从而影响服务学生、教育学生、发展学生、管理学生的质量。

第二,校院学生管理部门纵向互动不够常态化。我国现行的学生管理模式是以校院两级工作部门为基础的,受传统管理模式和行政权威意识固化的影响,学生管理主体之间存在层级权威,导致各治理主体之间纵向联系不够。在学生管理时,校级管理职能部门和学院学生工作办公室自上而下的单向交流居多,双向互动很少出现。在实际考察时,发现院系学生工作机构在接受校级部门领导的情况时,被动接受为主,通常只有在学生管理出现问题时,才会有自上而下和自下而上的信息共享,纵向互动没有常态化。

第三,学校职能部门与学生群体的联系不充分,学院学工办公室与学生群体的联系以间接方式为主。当前学生的事务性工作占据了学生管理者的大量时间和精力,影响了他们与学生个体和学生群体的深入交流,以管理为主,服务不足。新形势下,学生管理者应该深入基层,融入学生,更好地了解学生的发展状况和发展需求。

三、高校学生管理模式存在问题的原因分析

(一)学生事务治理理念相对落后

治理理念作为治理实践的先导,在学生管理模式发展过程中发挥着根基性作用。自高等教育模式在我国形成以来,教育管理理念便一直随着时代发展和学生发展需求变化而发展演变。但是长期沿用的行政化管理方式和权威管理思想,严重阻碍了学生管理理念的更新。尽管教育部各项文件材料和规章制度都在强调以人为本、生本思想,但是在落实为指导理念和现实实践的道路上还需要继续努力。学生管理各部门在横向和纵向的联系方面,也没有合理的借鉴管理理论指导实践,提高部门间、层级间的互动协作。

1.人本理念停留在思想表层,实践程度不一

近些年,无论在社会治理领域,还是高等教育管理领域,以人为本都经常性地被提及,但就学生管理者而言,每个人的接受程度不一,很少有人能够将人本理念内化于心,外化于行。在学生管理实践过程中,大部分学生管理者认为学生参与能力一般,没有适时引导学生积极参与学生事务治理,为学生积极搭建互动参与平台,拓宽参与渠道,充分发挥他们的治理主体作用。同时学生管理也没有经常性地和学生个体进行沟通,

了解他们的个性特点和发展需求,尊重学生主体地位,以生为本,为学生提供更优质和适合的教育和服务。学生既是学生管理的主体之一,也是一个独立个体,要给予其充分尊重,实行差别化、专门性的服务管理。在治理过程中,如果一味强调权威管理、集体管理,最后只能将学生培养成为程序固定的"机械人",无法实现学生全面发展的学生管理目标。

2.协同治理理念认知不足,接受程度不够

协同治理强调相关利益体广泛参与,重视发挥各主体的协调联动作用。但在当前学生管理模式中,无论是校级学生管理职能之间的横向互动,还是校院两级学生管理机构之间的纵向互动,或者学生、院学生工作办公室和学生管理职能部门之间的多方互动,都没有得到实现,这也影响了学生管理服务的高效化。各部门之间各自独立,信息双向流通不畅,正是因为各部门、各层级、各主体之间的协同不够,没有将协同治理理念融入管理实践,导致学生群体和学生组织在学生事务治理过程中作用发挥不够。

(二)学生管理机制不健全

1.纵向管理层级影响信息互动效率

当前我国学生管理领域中,高校普遍实行党委领导下、院校学生管理相关部门具体负责和执行的二元管理模式。校级学生管理职能部门和院系学生工作办公室两级纵向管理,容易致使信息在传递时因时间、表述等原因出现信息失真或信息失效等情况。这种双向的信息扭曲,对于学校管理职能部门而言,便是无法迅速准确地把握学生发展需求,从而制定科学合理的管理政策和制度;对于学生事务基层管理人员来说,容易对学校相关制度规定产生错误理解,从而在管理实践中做出错误示范,影响服务质量和管理效果。另外学生管理一线人员承接了来自学校各个职能部门分发的工作任务,致使他们被事务性工作缠身,融入学生不够,无法准确把握学生动态,改进管理方式,正确服务和引导学生。

2.横向学生管理职能部门权责范围划分不清晰

学生管理职能部门在成立之初,就已明确了管理内容和管理职责。但是大学生作为不断发展的独立个体,其个性特点和发展需要随着外界环境的变化而不断变化,这也对学生管理提出了要求。学生管理内容和管理模式必须与时俱进,根据学生发展需要和社会大环境要求作出调整。既定的管理分工无法涵盖不断更新的学生管理内容,此时便容易出现管理真空,各部门互相推诿,影响学生管理效果。此外,长期以来,现有学生管理之中涵盖的部分管理职责是由不同职能部门共同负责,如学校教务部门和学生工作部、党委组织部和学生工作部等等,但在实际工作落实时,由于职权归属缺乏明确指向性,导致教务部和学生工作部无法高效完成管理任务,实现管理目标。

3.学生管理部门缺乏监督评估

现有学生管理模式中,学生管理和服务效果的评估和考核流程通常是党委考核学校学生管理各职能部门,学校部门按管理内容分别考核学院学生工作,学院考核专兼职辅导员和班主任等。基本都是在学生管理组织体系内容完成上下级的自考核,缺乏第三方机构和学生群体的客观评估和监督。

(三)管理主体制度保障不到位

学生个体、学生组织以及院校学生管理人员共同组成了学生管理主体。但是目前学生管理模式中,从学生管理主体的选拔聘用、评估考核,到平台发展等方面,都缺乏合理的制度保障。

1.学生管理者选拔聘用制度不健全

学生管理者需要过硬的政治素质、优良的职业道德品质、丰富的专业知识、良好的心理素质和个性品质、良好的语言表达和组织协调能力等,这就要求在学生管理者进行选拔时需要进行一定的门槛限制,如专业上要求具有思想政治教育、管理学、教育学或心理学等专业背景,但是这一要求并没有在高校中普遍执行。此外,高校在开展选拔工作时,不够透明化、公开化。

2.学生管理者绩效考核制度不合理

目前来看,对于高校学生管理质量和服务效果,由于学生发展具有多向性,没有形成一个普遍认可的量化考核标准,所以也难以对学生管理者的工作进行相对统一科学的评估。一般在绩效考核中,多以学生管理者的物化成果及其学生高质量获奖情况作为衡量标准,这种考核方式过于刻板,无法为学生管理者的管理和服务质量给予一个科学合理的评估结果。

3.学生管理者晋升发展机制不完善

目前学生管理者晋升多是表现在职称和行政级别两个方面。在现有管理模式中,学生管理者讲师和助教居多,也与近年来学生管理者日益年轻化有关系。但这也反映了高级职称学生管理者的缺乏,能够独当一面的专家型管理者很难培养。由于岗位平台发展限制,很多辅导员在基层一线工作一定年限后会选择转岗。另外,目前学生管理者的培训项目多以短期为主,学生管理者的消化吸收效果不佳,学以致用的管理实践存在一定难度。

4.学生个体和学生组织参与制度不健全

学生在学生管理模式中,并没有很好地将其治理主体的作用有效发挥出来。除了学生主观方面的原因,还与学校的制度规定和平台建设有很大关系。很少有高校对于学生作为治理主体参与学生管理进行明确的规定,而对学生的治理主体地位宣传没有作为一项新生教育内容进行教育普及,学校和学院的引导服务功能没有充分体现。而在学生参与治理的平台和渠道方面,也没有创建一种全员参与、方便快捷的大众参与途径。

第三节　协同治理理论融入高校学生管理模式的对策建议

高校学生管理模式的优化可以从不同角度入手,本文主要从协同治理理论角度进行考量。协同治理理论的核心要求与高校学生管理契合性较高,能够从管理理念、管理原则、制度保障和运行机制等方面为学生管理模式提供理论依据,从而为学生管理模式提出几点对策建议。

一、以协同治理理论为指导,更新管理理念

(一)由管理到治理理念

过去学生管理模式中,管理理念占据主要地位。学生管理者在这一

理念的指导下,把自己置于学生管理的中心,将学生管理视作机械化工作,缺乏服务学生、发展学生的意识。而在协同治理的引导下,学生管理者将管理者更新为治理理念,积极引导学生参与治理过程,并为学生创造参与环境和参与平台,实现学生管理过程中的双向互动,满足当前学生个性特点和发展需求,为学生提供更优质的管理服务,促进学生管理模式高效优质发展。

(二)以学生为本理念

学生是学生管理的中心,学生发展是学生管理的目标所在。《关于进一步加强和改进大学生思想政治教育的意见》明确了"以人为本"在学生管理中的指导地位,从政策层面给予了权威支持。学生管理要坚持以学生为中心,尊重学生个体差异,深入实践了解学生才能制订科学合理的管理计划,构建高效高质的管理模式。同时,能减轻学生管理部门在学生心中的行政管控的固化印象,促进学生管理者和学生之间的有效互动和合作治理效果,促进学生的成长成才和全面发展,为社会主义现代化建设培养可靠建设者和接班人。

(三)多中心协同理念

高校学生管理涉及多个部门、多元主体,为确保运作规范、提高各方的互动程度,应通过法律制度明确各管理主体之间的管理职责和依赖关系。这一管理过程需要各个管理主体相互交流、相互协调、相互合作。各参与者之间为了实现共同的目标有积极的互动。在日常工作中,一定要牢固树立多中心协同理念,独木不成林,任何单一管理主体都很难有效实现高校学生管理目标。在树立多中心协同理念的同时,也要学会使用正式的协同方式进行互动和决策,并分别对结果承担相应责任。

二、以专业规范为基础,健全制度保障

凡事预则立,高等学校学生管理模式也需要有权威的制度保障,这就要求以法律规定的形式健全当前高校学生管理模式的制度保障,并且配备完善的制度监督和评估机制,保证规章制度的贯彻落实。

(一)管理组织制度保障

对于学生管理职能部门,要以规章制度的形式明确各部门的权责划分。一方面,学生管理职能部门要根据学生事务的管理内容和管理活动按照部门属性进行科学分工,避免出现权责真空,完善责任部门和责任者制度。制定学生管理职能部门的行为规范,明确管理目标和绩效考核标准。另一方面,学生管理职能部门从规章制度上加强一线学生管理人员的直线领导,规定工作范围,避免一线行政性的繁杂工作,为学生管理者创造条件,有更多时间和精力融入学生,心无旁骛地处理学生管理的本职工作。

高校学生管理模式的具体实施需要有一支能力较强,能够处理学生管理工作过程中各种复杂情况的学生管理人员队伍。没有一个完善的队伍,没有一个健全的制度保障,无法落实和实施学生管理工作的各项任务。一方面,健全人才选拔和聘任机制。学生管理者不仅要具备丰富的专业理论知识,还有具备一定的组织管理能力和沟通协调能力。不仅如此,科学合理的培训考核与奖惩机制也不可或缺,让其有助于学生管理者自身能力的提高,增加他们的职业获得感和归属感。另一方面,完善工作考核和培训机制。对于学生管理人员的工作要建立相对量化科学的考核标准,并为其建立长期的职业发展机制。此外,相关高校可以开设学生管理专业学科,加强学生管理专业人才的培养。当前,我国将思想政治教育专业出身的学生管理者视为专业对口的管理人员,但随着学生管理内容的日益丰富,思想政治教育专业已不能满足管理的专业需求,学生管理专业成为一门独立学科十分有必要。在专业理论和学科建设的支持下,有利于培养学生管理专业性人才。

(二)学生参与制度保障

加强学生参与和学生干部队伍素质建设的制度保障。学生在学生管理中具有双重身份,既是学生管理的对象,又是学生管理的主体之一,更是学生事务协同治理的核心力量。学校要以制度手段确保学生在学生管理中参与权的实现,并拓宽参与平台和参与途径。同时,学生干部作为学生群体的代表,从学生中来,更贴近学生,了解学生,在学生管理中发挥着学生管理者不可取代的独特作用。因此,高校要重视其素质和能力的提升,提高学生参与质量和参与效率,保障多元主体参与的高效性。在日常管理中,加强学生干部队伍建设,定期提供培训和学习实践机会,发挥他们的主体意识,让他们在参与学生事务的管理和服务中,实现自我教育、自我管理和自我服务,并以此示范他人。高校在学生管理模式运行过程中,将立德树人作为其工作目标,学生利益作为其工作使命,知行合一作为工作导向,致力于构建符合学生发展需求和管理自治的参与机制。

三、以协调高效为中心,优化模式构建原则

(一)专业化原则

优化学生管理模式要坚持专业化原则。创建稳定可持续的学生管理模式,专业化的管理理念和管理人员必不可少。在专业理论指导下,专业化的管理人员运用科学的管理技巧和理论知识参与治理,为学生提供高质高效的管理和服务,也为实现学生管理模式的专业化奠定坚实的基础。

(二)学生主体原则

优化学生管理模式要坚持学生主体原则。学生在学生管理中占据中心地位,要在管理和服务学生的基础上,充分调动学生参与事务管理的主动性和积极性,实现学生自我教育、自我管理、自我服务和自我发展。当然,学生参与治理的过程,需要遵循一定的管理规范,按照规章制度行使参与权。学生管理者在管理模式实施的过程还要正确引导学生,让价值观与国家发展、社会需要与个人成长紧密联合。

(三)个性化原则

优化学生管理模式要坚持个性化原则。基于协同治理理论的学生管理模式的优化,要尊重学生个性特征,在科学的学生差异观的指导下,将学生作为独立个体看待,满足不同学生个体的价值诉求和发展需要,促进学生健康成长和全面发展。当然,学生管理者尊重学生的个体差异,不是单纯地、无差别地尊重差异,也要分析具体情况,评估差异发展方向,为发展学生已有的、表现较为突出的才华和能力创造条件。

(四)协同性原则

优化学生管理模式要坚持协同性原则。学生管理涉及多个部门,各

个部门均是为了一个共同目标而服务。因此在日常工作中,按照科学合理、权责一致的要求,学生管理部门及其职能要进一步优化。在模式构建时,要遵循协同性原则,一方面明确划分各部门职责,另一方面,加强各部门有效联动和有序协同。在管理全过程,坚持分工到部门、分工到个人的原则,科学分配其管理权力,形成自上而下的高效率组织体系,避免出现政出多门、相互推诿的情况。另外,在管理学生事务之时,要做到有统有分、有主有次,统筹兼顾,理顺各部门之间的职责关系,保证不同部门有序运作,避免各自为政。

四、以协商互动为指向,优化运行机制

(一)明确学生管理主体职权范围

1.学校层面的学生管理职能部门

(1)学校党委

我国高校全面实行党委领导下的校长负责制,在学生管理过程中必须加强中国共产党的领导核心地位,学生管理各职能部门和二级党委紧紧围绕在学校党委的周围,协调合作,互动管理,为学生成长成才和全面发展扬帆助力。在学生管理全过程,学校党委做好统筹协调工作,积极发挥好领导、决策、协调、服务、监督等职责。做好集体领导和部门协调的统揽工作,为学生管理事务涉及的多个管理主体的作用发挥保驾护航,为学生管理工作发展坚定方向。

(2)校党委学生工作部(处)

党委学生工作部是负责学生管理各项工作的学校职能部门,主要职责内容是制订学校学生管理工作计划、对高校学生开展思想政治教育和日常行为管理,选拔、组织、考核和培训校院学生管理一线人员,等等。高校学生工作部一般下设多个组织机构,如思想教育科、学生资助科、学生管理科、创业教育和学生发展办公室、国防教育办公室、辅导员发展工作中心、心理健康教育中心、学业指导中心等①。

(3)校团委

校团委是党委直接领导,负责共青团建设和青年管理的基层组织。

---

①杜鹏举.高校学生社区协同治理模式研究[D].广州:华南农业大学,2016:47-49.

大学生作为青年学生,其在学校的学习和发展活动与共青团密切相关。一般情况下,校团委下设分工学生组织建设、青年思想宣传教育、志愿服务、科技创新创业活动、社会实践活动、公共艺术教育等工作的各个组织机构。

(4)党委宣传部

党委宣传部是学校党委主管意识形态的职能部门,负责理论武装、宣传舆论导向、思想政治教育、精神文明建设和校园文化建设等工作。主要职责:一是负责制定并实施学校师生政治理论学习、形势政策教育等工作计划,组织协调全校思想政治理论教育和理论研究工作。二是负责制定并组织学校思想政治、网络思想政治教育、校园舆情调研等工作规划。三是负责制定校园文化建设规划、宣传阵地建设与管理。四是负责制定学校精神文明建设规划、实施、督促检查以及法制宣传教育。

(5)党委组织部

党委组织部是校党委领导下负责全校党的组织工作、干部工作以及党员培训与发展工作的职能部门。在学生管理模式运行过程中,党委组织部的职责主要包括以下几种:一是负责制定学生党员干部队伍建设、学生党组织建设、学生党员队伍建设等方面的规划、计划,并组织实施;二是负责制定学校党员发展、党员的教育管理工作规划并组织实施;三是负责学校学生党员和学生党组织的考核与评优;四是负责指导二级学院党委学生党员、学生党员工作和学生党组织工作开展;五是负责指导学生党组织开展党务工作,组织学生党员干部的教育与培训,学生党组织的思想建设、组织建设、作风建设、制度建设;等等。

(6)招生就业工作处

招生就业处是统筹负责全校本科生招生和本科生、研究生的就业工作的学校职能部门。近年来,许多高校将招生就业工作从学生工作处分离开来,组建形成招生就业工作处,提高就业指导工作的专门性和高效性。

(7)教务部

教务部是负责学校教学管理和服务的部门。在学生管理模式中,教务部的主要职责包括以下几种：一是负责学籍管理和信息采集；二是负责组织开展大学生创新训练项目和学科竞赛；三是负责学生考务工作；等等。

（8）其他相关部门

除了上述部门直接负责和服务学生之外，还有一些部门的工作职责与学生管理内容存在交叉，比如，学校教务部、总务部、保卫处、校医院等部门。这些部门也应明确自身职责，在学生管理模式运行发展过程中，发挥好服务学生的重要作用，为学生发展提供安全稳定健康的学习和生活环境。

2.学院层面学生工作办公室和学生组织

（1）学生工作办公室

学生工作办公室是学生管理的基层服务机构，在学校和学院党委的领导下，学校学生工作部的指导下，直接组织和实施院系学生思想政治教育和日常管理等工作。在学生管理模式运行过程中，学生工作办公室作为与学生直接沟通与交流的一线组织，发挥了不可替代的作用。

（2）院团委

院团委是学院党委和学校团委双重领导下的基层青年组织，主要围绕学院学生党团建设开展工作，肩负着团结青年、引领青年、服务青年的工作使命。院团委通常设置组织部、宣传部、实践部，由一名专职学生管理者担任团委书记，带领其他团委学生成员开展工作。

3.学生组织和学生个体

（1）学生党支部

学生党支部是党在大学生中的基层党组织，是党联系大学生的重要桥梁和纽带。在学校和学院党委领导下，学生党支部开展学生党员发展、教育和管理等各项工作，在学生管理模式运行过程中，学生党组织发挥着战斗堡垒作用。

（2）学生组织和专业协会

学生组织和专业协会是在院团委指导下，是学生主动自愿参与学生管理的群众性组织，同时也是学生与学院进行沟通的主要平台和媒介，是学生自我发展、自我教育、自我服务、自我管理的主要阵地。

（3）学生个体

学生个体要积极参与学术性活动之外的学生事务性管理活动，改变过去"两耳不闻窗外事，一心只读圣贤书"的封闭思想，把学校当作自己的第二家庭。参与家庭建设、管理和服务既是大学生的权利，也是大学生责任担当的体现。因此，大学生应该积极主动地参与学生相关的各项管理活动、与学校发展密切的规章制度制定，充分发挥管理主体作用，提高民主协商、互动合作的组织管理能力。

（二）提高学生管理主体联动性

1.加强学生管理各职能部门协调互动

根据管理的内容属性不同，高校设立了不同的学生管理职能部门，加强相关职能的制度规范化建设，明确各部门职权范围和管理内容。学校学生管理各职能部门分工不同，但管理地位平等，在管理过程中容易自成体系。因此，在优化学生管理模式时，要加强学生管理职能部门的横向交流，增加信息流动，避免学生管理工作遗漏或重复，导致信息闭塞或互相扯皮现象的出现，提高学生管理和服务的治理。在日常工作时，除了职责清晰、分工明确之外，各部门负责人可以定期交流，互相沟通中长期工作计划，对于共同负责的事务领域加深合作。部门成员之间也需要适时沟通，将近期汇总的工作问题进行沟通，总结工作经验，减少工作失误，提高工作效率。对于学生管理中的危机事件和突发情况，更是要第一时间共享信息，落实任务进度，灵活工作方式，按内容属性及时划分到相关职能部门，避免出现事务无人问津的尴尬局面。

2.增加院校学生管理者双向沟通

我国学生管理模式常见的是院系二级管理模式，学校学院层面各有职权。但在实际工作中，学校职能部门常常占据行政权威地位，采用自上而下的管理方式与院系一级管理人员下发政策通知和管理要求，缺乏信息之间的双向互动，容易致使信息在传播过程中失去效度，也难以获得信息反馈，及时了解政策实施的具体情况，不利于促进学生管理的科学化和高效化。另外，院系学生管理人员不仅接受学校职能部门领导，由于人事权在院系，导致一身双职的情况出现，过多的行政事务占据了一线学生管理者的精力和时间。因此学校职能部门要加强与院系一线学生管理的双向互动,及时获得反馈信息,改进工作方式,让院系层面的管理人员专心于学生管理的本职工作。

3.促进学生与学生管理者的信息流通

学校学生管理职能部门多是通过院系管理人员和学生组织(干部)了解普通学生的实际情况,在与管理对象的第三方中介进行沟通时,容易在信息传递时因时间、表述等问题造成信息失真,因而无法获得学生的一手信息,也难以及时掌握学生发展情况,制定满足学生需求、遵循学生呼声的政策规定。无论是学校学生管理职能部门,还是院系一线管理人员,其本职工作都是为学生发展保驾护航,因此与学生双向沟通、了解实情十分必要。通过建立方便快捷的交流平台和合作平台,依赖于规范化的管理机制,采用灵活多样的管理方式,让学生管理者和学生个体、学生组织共同参与学生管理,在相互依赖的权力关系中,相互合作,民主协商,共同推进学生管理模式实效化发展。

(三)丰富协同治理方式

1.正式治理方式

正式治理方式多是指传统上的学生事务治理方式,这种方式通常是在既定规章制度的规范下对学生事务进行权威管理,也是目前主要的治理方式。正式的治理方式以维护师生和学校共同利益为使命,规范透明,主要包括以下方式。第一,学生代表大会制度。为了保证高校在管理过程中充分体现学生发展要求,需要定期召开学生代表大会,增加学校领导层与学生群体的对话沟通,减少校生矛盾,充分表达学生意志和利益诉求。第二,学生仲裁制度。学生仲裁机构的成立,可以帮助学生解决学生管理过程中的纠纷和冲突。当学生利益受到侵犯时,为学生提供申诉平台,维护正当权益。第三,学生列席制度。在学校重大事务决策时,高校要充分考虑学生的主体权利,重大事务公开透明,保证学生的知情权、参与权和监督权,确保决策过程公开公正、科学合理。

2.非正式治理方式

非正式治理方式更强调民主性和自愿性,主要借助科技手段,搭建互动平台,扩大学生参与基础,是学生管理民主化的重要补充方式。通常情况下,校长信箱、校长接待日等此类方式都属于非正式治理方式。随着网络技术的发展,各种交流工具开始普及,这也为学生线上参与学生管理提供了便利条件。微信、QQ、微博、抖音等交流平台,为学生和学生管理人员协商互动、信息流通搭建了便利的平台。因此,高校学生管理部门应该在了解学生交流工具使用情况的基础上,主动设立各类网络公众平台,让学生及时发声,有利于学生管理者及时发现问题、沟通问题、解决问题。

参考文献

一、专著

[1]李兰,郝希超,原平.高校学生事务管理模式创新与实践[M].长春:吉林文史出版社,2019.

[2]梁书杰.高校学生工作模式与管理方法研究[M].长春:吉林科学技术出版社,2019.

[3]莫新均.高校学生管理模式与创新[M].延吉:延边大学出版社,2019.

[4]宁晓文.高校学生管理模式的探索与创新[M].长春:吉林大学出版社,2019.

[5]孙强.当代高校学生管理模式与制度研究[M].北京:地质出版社,2018.

[6]孙小龙,沈红艳,江玲玲.国际视野下高校学生事务管理发展研究[M].北京:中国书籍出版社,2019.

[7]余敬斌.高校学生管理工作模式创新研究[M].长春:吉林文史出版社,2018.

二、期刊

[1]安欣.教育心理学下的高校"双实践"学生管理模式研究——探索艺术实践与社会实践的特色结合[J].大众文艺,2021(12).

[2]陈芝英.高校学生管理工作信息化模式[J].中外企业家,2018(22).

[3]董梅娜.探讨高校学生管理工作信息化模式[J].知识窗(教师版),2018(10).

[4]刘玲.网络时代下高校学生管理工作的创新及思考[J].山西青年,2019(16).

[5]刘晓华,夏绍兵.以人为本的高校学生管理模式探究[J].武汉船舶职业技术学院学报,2021,20(4).

[6]刘忠明.基于法治视角的高校学生工作管理改革探索[J].知识文

库,2019(1).

[7]庞超,卢效坚,张庆文.浅谈服务育人理念在高校学生事务管理中的应用[J].才智,2020(16).

[8]石贞贞.信息化时代高校档案管理工作模式的重构[J].办公室业务,2021(11).

[9]吴明生.信息化环境下高校学生教育管理模式转变与应对策略[J].山西财经大学学报,2022,44(S1).

[10]徐达.论网络时代高校学生管理创新策略[J].文化创新比较研究,2019(8).

[11]钟霖瑜.网络时代高校学生管理工作的问题及对策[J].读书文摘,2017(8).

三、学位论文

[1]柴虹.基于治理理论的高校学生管理模式研究[D].北京:中国地质大学(北京),2014.

[2]陈晓萍.广东高校学生社区管理模式研究[D].广州:华南农业大学,2017.

[3]杜鹏举.高校学生社区协同治理模式研究[D].广州:华南农业大学,2016.

[4]康小强.创建自主管理社区:民办高校学生公寓管理初探[D].武汉:华中师范大学,2015.

[5]渠颜颜.基于柔性管理理念的高校学生管理研究[D].徐州:中国矿业大学,2015.

[6]王佳晨.协同治理理论视角下高校学生社团管理模式优化研究[D].徐州:中国矿业大学,2020.